W0350403

Ava Minatti

Praxisbuch für die Kinder der Neuen Zeit

Im Grunde ist alles ganz EINFACH

Bitte fordern Sie unser kostenloses Verlagsverzeichnis an:

Smaragd Verlag
In der Steubach 1
57614 Woldert (Ww.)
Tel.: 02684.978808
Fax: 02684.978805
E-Mail: info@smaragd-verlag.de
www.smaragd-verlag.de

Oder besuchen Sie uns im Internet unter der obigen Adresse.

Deutsche Erstausgabe Juni 2004
Zweite Auflage Januar 2007
Umschlaggestaltung: XPresentation
Satz: Heuchemer, Smaragd Verlag
Printed in Czech Republic
ISBN 978-3-934254-80-0

Ava Minatti

Praxisbuch für die Kinder der Neuen Zeit

Im Grunde ist alles ganz EINFACH

Smaragd Verlag

Über die Autorin

Als Ava Minatti als Kind den Namen „Atlantis“ hörte und erfuhr, dass dieses eine versunkene Stadt im Meer sein sollte, war sie entschlossen, diese zu entdecken. Damals begann ihre Suche nach der Quelle allen Seins, der sie im Laufe der Zeit ein gutes Stück näher gekommen ist.

Nach verschiedenen Ausbildungen sieht sie heute ihre Hauptaufgabe darin, als Botschafterin der Geistigen Welt zu dienen. Unter der Führung von Erzengel Gabriel stellt sie sich der Weißen sowie der Solaren Bruderschaft, den Engelwelten und dem Kleinen Volk zur Verfügung, damit diese durch sie sprechen und ihre Energien übermitteln können.

Sie lebt in der Nähe von Innsbruck, wo sie in Seminaren und Einzelsitzungen anderen Menschen die Möglichkeit bietet, ihrerseits mit der Geistigen Welt in Kontakt zu treten. Sie ist Mutter von zwei Kindern der Neuen Zeit – Rowena, 8 Jahre, und Jona, 7 Jahre.

Widmung

Für Rowena und Jona und alle ihre Geschwister.

Inhalt

Worte zur Einleitung

In den letzen Jahren wurden viele Bücher über die sogenannten Kinder der Neuen Zeit geschrieben, über Indigo-Kinder, über verhaltensauffällige Kinder, die in Familien und Schulen vermehrt beobachtet werden konnten. Damit sind jene Menschenkinder gemeint, die jetzt bzw. seit einiger Zeit weltweit geboren werden, um durch ihre Andersartigkeit und Auffälligkeit die Menschen zum Nachdenken anzuregen.

Diese Kinder besitzen oft erstaunliche Fähigkeiten, wie zum Beispiel außergewöhnlich stark entwickelte telepathische Kräfte. Selbst in der Wissenschaft gibt es bereits Forschungen, denen zufolge diese Kinder eine andere DNS Struktur aufweisen, als wir sie haben. So entwickelte sich ein regelrechter „Indigo-Boom“, der, auch aus meiner Sicht, „interessante“ Früchte hervorbrachte. Jeder hoffte plötzlich, dass sein Kind ein „Indigo“ sei, und es fiel den Menschen ein großer Stein vom Herzen, wenn ihnen dieses, durch wen und wie auch immer, bestätigt wurde, denn wer wollte in dieser Zeit schon ein „normales“ Kind haben, es sollte ja etwas Besonderes sein. (Wobei ich hier nicht von dem „natürlichen“ Empfinden der Besonderheit spreche, das wohl die meisten Eltern zu den eigenen Kindern haben.)

Eine weitere Blüte der Indigowelle zeigte sich bei manchen „Therapeuten“. Klienten mit bestimmten Verhaltensauffälligkeiten wurden immer wieder mit dem Stempel: „Das muss ein zwar ein älteres, aber dennoch ein Kind der

Neuen Zeit sein!“, versehen. Einige Beispiele:

- Der junge Mensch begann viele Ausbildungen, führte aber keine zu Ende.
- Er fand scheinbar keinen Boden unter den Füßen.
- Er entsprach in vielen Dingen nicht den Vorstellungen und Erwartungen seiner Mitmenschen.
- Und: angebotene Therapien schienen nicht zu „helfen“.

In der Zwischenzeit wurden die Möglichkeiten der Zuordnungen noch ergänzt. So gibt es mittlerweile Modelle, die nicht nur mit den Begriffen „Indigo-Kinder“ und „Kinder der Neuen Zeit“ spielen, sondern mit weiteren Einteilungen, wie zum Beispiel „Sternenkinder“, „kristalline Kinder“, „Kobaltkinder“ etc.

Ich muss gestehen, dass ich mich dabei zu wenig auskenne und so nicht viel zu den Qualitäten der einzelnen Begriffe sagen kann. Was ich allerdings weiß, ist, dass wir Menschen wohl immer noch und immer wieder die Tendenz haben, nach Besonderheiten zu suchen, denn das hebt uns von anderen ab, und somit glauben wir, unsere Einmaligkeit leichter erfahren zu können. Dieser Eindruck der eigenen Einzigartigkeit führte in der Geschichte, die wir bis zum heutigen Tag kennen, dazu, dass wir diese Einzigartigkeit dazu benutz(t)en, unseren eigenen Standpunkt, unsere eigene Überzeugung, unsere eigene Wahrheit zu rechtfertigen, zu verteidigen und auch dafür zu kämpfen.

Das ist der Stoff, aus dem die Kriege geboren wurden und immer noch werden.

Für mich persönlich ist es wichtig, – und das lerne ich auch immer wieder von der geistigen Welt –, das Einende in allem und jedem zu erkennen, und nicht das Trennende. Somit beschreiben für mich die Begriffe „Indigo-Kinder“ oder „Kinder der Neuen Zeit“ vielmehr unsere jetzige Zeitqualität als einzelne besondere Menschen auf dieser Erde. Der Begriff der „Kristallkinder“ zum Beispiel ist für mich nichts anderes als eine andere Erklärung für die Veränderung der Schwingung, die weltweit stattfindet. Andere Menschen nennen es die Neuaktivierung des Kristallgitternetzes der Erde. Damit ist eigentlich „nur“ ein weiterer Schritt der Menschheit auf dem Weg in die fünfte Dimension gemeint.

Ich glaube, dass es bei den Kindern der Neuen Zeit, den Indigo-Kindern, den Kristallkindern etc. nicht primär um die Betrachtung individueller „Lebengeschichten“ geht, sondern sie vielmehr stellvertretend für uns alle, für die Entwicklung des Bewusstseins der gesamten Menschheit zum kosmischen Wesen, stehen. Das heißt für mich, dass diese Kinder für jeden Einzelnen von uns eine Aufforderung sind, zu sich selbst zurückzukehren, zu seiner eigenen inneren Quelle, seiner eigenen Göttlichkeit.

Es geht bei diesem Thema, wie ich meine, nicht darum, eine weitere Möglichkeit zu finden, unsere Eigenermächtigung und Selbstverantwortung nach außen abzugeben, indem wir andere Menschen, Wesen, Energien, Fähigkeiten auf einen, letztendlich nicht vorhandenen Sockel stellen, um sie zu bewundern. In dieser Zeit lernen wir wieder, – wie auch in anderen Büchern, Botschaften der geistigen Welt und Seminaren betont wird –, uns an unsere Mitschöpferkraft zu erinnern, um sie zu leben. Diese ist in jedem Menschen, der auf dieser Erde wohnt. Wir sind *eine* Menschheit, ob jung, ob alt, ob Kind oder „Erwachsener".

Bei einem meiner Vorträge über die Kinder der Neuen Zeit fragte mich ein Zuhörer, was denn an diesen Kindern so neu sein sollte, ob nicht jeder Mensch zum Zeitpunkt seiner Geburt ein Kind der Neuen Zeit und dies bereits immer schon so gewesen sei, weil mit jedem Moment, jedem Atemzug etwas Neues, noch nie Dagewesenes erschaffen wurde. Diese Überlegung gefiel mir sehr gut, und ich stimm(t)e zu.

Manchmal fällt es uns Menschen leichter, etwas durch Einteilungen und Definitionen zu erkennen. Doch das Ziel einer jeden (Selbst)Erkenntnis sollte es immer sein, die Einheit mit allem, was ist, sichtbar und erfahrbar zu machen. Alle Menschen, und somit natürlich auch alle Kinder, sind hier auf der Erde, um sich gegenseitig daran zu erinnern, wer sie, wer wir wirklich sind. Die Kinder der Neuen Zeit unterstützen uns „Große" dabei, und wir helfen ihnen.

Und so möchte ich dieses Buch so beginnen, wie das erste von mir zu diesem Thema endet: **Wir alle sind Kinder der Neuen Zeit,** und dich zu einer neuen Sichtweise anregen, die vielleicht neu für dich ist. Daraus wächst in dir möglicherweise ein neues Verständnis für dich selbst und deine Mitmenschen, was sich auf das Zusammenleben mit allen Wesen auswirkt. Es enthält praktische Anregungen und kurze Übungen, die dir dabei behilflich sind, das Gefühl oder den Glaubenssatz, dass *du* nichts bzw. nicht viel verändern oder bewegen kannst, dir also aus einer vielleicht vorhandenen Passivität herauszuhelfen, um in ein bewusstes Gestalten deines Lebens (mit Kindern) einzutauchen. Denn du hast die Ermächtigung und die Kraft der Veränderung in dir, indem du deine Einstellungen, energetischen Gedanken- und Gefühle, die du aussendest, bewusst erweiterst. Da die Zeit der Übungen und Techniken auslaufen wird, je mehr wir uns unserem Sein, unserer göttlichen Natur, hingeben, sind die Anregungen auf den folgenden Seiten einfach.

Ein weiterer wesentlicher Aspekt dabei ist mir immer wieder, die Freude am Sein und die Leichtigkeit im Umgang mit Menschen und gerade mit Kindern nicht zu vergessen, denn genau so, wie dieses Leben eigentlich einfach ist, ist es ebenso voller freudiger Möglichkeiten und leichtem Sein. Doch auch diese Wahrnehmung und dieses Wissen gehen meist noch viel zu schnell in unseren alltäglichen Hürden und Bürden unter. Dabei entspricht es doch unserem göttlichen Naturell. So möchte ich diesem Buch noch eine weitere für mich sehr wichtige Weisheit voranstellen: Im Grunde ist alles ganz EINFACH!

☆☆☆☆☆

Im Grunde ist alles ganz EINFACH

Davon bin ich aus tiefstem Herzen überzeugt. Unsere Partnerschaften, das Zusammensein mit unseren Kindern, sie zu gebären und zu „erziehen", unsere Freundschaften, unser Leben ganz allgemein – alles ist im Grunde ganz einfach.

Aber was macht es dann immer wieder scheinbar so schwierig? Unsere Ängste, und Unsicherheiten, (Selbst)-Zweifel, Glaubenssätze, wie zum Beispiel, etwas falsch machen zu können, oder nicht zu genügen, Erwartungen und Vorstellungen, und vieles mehr. Was wäre, wenn wir das alles in unseren Begegnungen und in den alltäglichen Situationen unseres Lebens einmal vergessen würden? Für einen Atemzug zumindest. Wenn wir einen Moment (und probiere es gleich aus, wenn du möchtest) davon ausgehen könnten, dass alles einfach ist, dass alles einfach vollkommen ist, so wie es gerade ist? Ohne dass wir uns darüber den Kopf zerbrechen oder etwas daran verändern müssen. Das bedeutet für mich persönlich Freiheit.

So habe ich versucht, die folgenden Anregungen einfach zu formulieren, damit sie für jeden Menschen nachvollziehbar und anwendbar sind. Unser Universum, selbst wenn wir es nicht immer verstehen, ist sehr einfach aufgebaut und seine Gesetzmäßigkeiten, die Lösungen aller Probleme, ebenso. Auch ich habe immer wieder die Tendenz, wenn ich etwas nicht verstehe oder etwas auf den ersten Blick nicht so läuft, wie ich es mir wünsche, zu viel darüber nachzudenken. Ich komme dann vom Hundertsten ins Tausendste. Finde immer eine noch bessere Begründung oder Erklärung, bis ich merke, dass ich einen Knoten im Hirn habe und überhaupt nicht mehr klar denken, geschweige denn wahrnehmen kann. Das ist dann spätestens der Zeitpunkt, an dem ich sage: „Stopp!". So komme ich also nicht weiter und beschäftige mich mit etwas ganz anderem. Ich erinnere mich an meine göttliche Essenz und verbinde mich mit meinem Herzen. Dann fallen die Schwere, die Komplexität und sogar Trauer und Unklarheit ab. Ich habe wieder Raum zum Atmen.

Dieses Innehalten, Durchatmen, Zu-mir-Zurückkommen ist manchmal leichter, wenn ich zum Beispiel kurz das Zimmer, in dem ich mich gerade befinde, verlasse, da die Veränderung der Wahrnehmung und der Sichtweise durch eine äußere Bewegung unterstützt wird. Du hast diese Anregung sicher auch schon von anderen Menschen gehört oder woanders gelesen. So wird immer wieder empfohlen, bei hitzigen Gesprächen einen Moment auf den Balkon zu gehen, auf die Toilette oder, falls das nicht möglich sein sollte, dir diese Veränderung zumindest vorzustellen, also eine Art Auszeit, um tief durchzuatmen, wieder einen klaren Kopf und ein weites Herz zu bekommen.

Falls dir der Kontakt mit deinem Herzen noch nicht so vertraut sein sollte und du ihn bewusster erfahren möchtest, findest du in einem späteren Kapitel eine kleine Meditation dazu. Also wenn dir etwas kompliziert erscheint, zum Beispiel weil du dich gerade mit dir, dem Leben und deinen Kindern überfordert fühlst, dann erlaube dir kurz innezuhalten, atme tief ein und aus und bringe dich in dein Hier und

Jetzt, in dein Herz. Jeder von uns, glaube ich, kennt die Augenblicke, in denen scheinbar alles drunter und drüber geht. Vielleicht hättest du gerade das Bedürfnis, eine kleine Pause zu machen, doch dein Terminkalender zeigt dir etwas anderes an. Während du versuchst, dich auf deinen Termin einzustimmen, signalisieren dir deine Kinder, dass sie Aufmerksamkeit brauchen, das eine, weil es wie wild alles in Unordnung bringt und das andere, weil es am liebsten nur mit dir kuscheln möchte. Nebenbei klopft es an der Tür und läutet ständig das Telefon. Das sind Situationen, über die wir uns in Filmen köstlich amüsieren können, weil sie uns an unseren eigenen Alltag erinnern. Ich sage mir häufig in solchen Fällen, außer dass ich mich mit meinem Herzen verbinde, gerne auch mein Lieblingsmantra vor: „Alles ist gut!". Ich sage es solange, bis ich fühle, dass es zu wirken beginnt und dieser Satz in allen Körpern Raum genommen hat. Dann bin ich wieder in meiner Mitte und kann klar erkennen und wahrnehmen, worum es geht, und den nächsten Schritt sehen.

Ein weiteres Anliegen in diesem Buch war mir, keine direkten Botschaften der geistigen Welt einfließen zu lassen und weiterzugeben. Wir haben schon so viel von unseren feinstofflichen Geschwistern gehört, dass wir sehr genau wissen, worum es geht, weshalb sich die Inhalte der Botschaften wiederholen. Jetzt sind wir Menschen an der Reihe, das, was wir erfahren haben und wissen, zu leben und unsere eigene Meisterschaft anzunehmen. Deshalb soll dieses Buch eine praktische und einfache Anregung zum Umsetzen sein. Da wir Menschen „Gewohnheitstiere" sind und über Wiederholungen lernen, kommt in diesem Buch das Wort „EINFACH“ häufig vor. Ich habe das bewusst so gewählt – als Unterstützung, damit wir nicht nur wissen, dass alles einfach ist, sondern damit wir beginnen, diese Einfachheit auch zu fühlen, zu erleben und uns auf sie zu fokussieren und in diesem Sinne unser Leben erschaffen. Und es ist!

☆☆☆☆☆

Annehmen und das Beste daraus machen

Die Aspekte und Themen dieses Buches beziehen sich natürlich nicht nur auf das Zusammenleben mit Kindern, sondern sind auf alle Bereiche deines Lebens anzuwenden. Um das zu erkennen und auch für dich nutzen zu können, bitte ich dich um ein bisschen Flexibilität. Ich bitte dich auch noch um ein wenig Geduld. Bevor ich mit den konkreten Anregungen für Kinder beginne, ist es mir ein Anliegen, noch ein paar allgemeine Punkte mit dir zu beleuchten, denn diese stellen für mich die Basis dar, auf der das Folgende aufgebaut ist.

Alles, was im Außen geschieht, ist eine Antwort auf dich selbst. Deine Verbindung zu deinen Eltern, zu deinem Inneren Kind, deine Erfahrungen ganz allgemein und die Art und Weise, wie du mit ihnen umgehst, beeinflussen dein Zusammensein mit Kindern und anderen Menschen, aber das weißt du ja wahrscheinlich bereits. Was mich dabei immer wieder zum Schmunzeln bringt, ist, dass wir das zwar schon so oft gehört haben und dem zustimmen –, solange es uns nicht betrifft! Doch wehe, die Praxis klopft an die Tür. Und hier nehme ich mich natürlich auch selbst an meiner hübschen Nase. Wie oft haben wir schon gesagt, dass es wichtig ist, unsere Kinder loszulassen und ihnen und uns die Freiheit zu schenken. Und wie verhalten wir uns, wenn die Oma das erste Mal bei unserem Baby ist, damit wir allein in die Stadt fahren können? Können wir es genießen? Oder hetzen wir von Geschäft zu Geschäft, um möglichst schnell wieder zu Hause zu sein, denn man kann ja nie wissen ... Doch auf die „interessanten" Energiespiele innerhalb der Familie möchte ich in dem späteren Kapitel über Vertrauen noch näher eingehen.

Generell bittet uns die geistige Welt immer wieder, nicht so sehr in der Vergangenheit zu verweilen und darin zu wühlen. Alles, was du brauchst, um zu erkennen und heil zu werden, hast du im Hier und Jetzt. Wenn du dich im Augenblick wohlfühlst, hat dies Auswirkungen auf alle deine Vergangenheiten, weil sich alle Zeitebenen durchdringen. Das meinten unsere feinstofflichen Begleiter, als sie davon sprachen, die Lebensgeschichte neu zu schreiben. Was wir Menschen wohl immer wieder üben dürfen, ist aufzuhören, uns selbst durch unsere Erwartungen und Vorstellungen, denen wir glauben, entsprechen zu müssen, unter Druck zu setzen. Wir dürfen davon ausgehen, dass wir immer unser Möglichstes geben und tun, und somit *sind* wir eine gute Mutter, ein guter Vater, eine gute Lehrerin, eine gute Großmutter etc. Das ist ein Ausdruck der Selbstannahme und der erste Schritt, um aus allem, was gerade ist, das Beste zu machen. Dich immer wieder zu beobachten, dich zu hinterfragen und zu reflektieren, ist in Ordnung und aus meiner Sicht für die Entwicklung deines Seins dienlich. Doch das war nie dazu gedacht, um dich selbst zu bewerten oder dich schuldig zu fühlen, sondern um Mitgefühl und Liebe für dich (und natürlich auch für alle anderen Wesen in diesem Universum) wachsen zu lassen.

Ich möchte dich jetzt bitten, kurz innezuhalten und in deiner inneren Vorstellung deinen bisherigen Tag nochmals Revue passieren zu lassen: Was hast du erlebt? Was hast du getan? Gedacht? Gefühlt? Wen hast du getroffen und wie waren deine Begegnungen? Deine Arbeit, dein Weg dorthin etc.? Beobachte einfach. Lass die Bilder vorbeiziehen. Du brauchst nichts zu verändern, nur wahrnehmen. Wie auch immer es gewesen ist, was auch immer du gefühlt, getan oder gedacht hast – es war und ist vollkommen in Ordnung.

Und dann nimm einen tiefen Atemzug und komme mit deiner Aufmerksamkeit ins Hier und Jetzt zurück. Erlaube dir anzunehmen, dass alles gut ist, so wie es ist. Erlaube dir anzunehmen, dass du okay bist, so wie du bist.

Falls es dir schwer fallen sollte, dich so zu nehmen, wie du bist, dann ist das auch möglich und erlaubt. Und du kannst, wenn du möchtest, dieses kleine „Beobachtungs- und Annahmespiel" öfters wiederholen, bis es dir wirklich leicht fällt und du dir und deinem Leben immer gelassener begegnen kannst.

☆☆☆☆☆

Authentisch sein

Dieses Thema hängt natürlich ganz eng mit der Annahme dessen, was ist, also mit dem vorherigen Kapitel, zusammen.

Authentisch sein bedeutet für mich, dass ich mir erlaube, zu mir zu stehen, zu dem, wie oder was ich gerade bin, wie ich denke und fühle. Ich versuche, mich nicht zu verstellen, sondern auch mit meinen Kindern all die Facetten, die ich erlebe, zu teilen. Wenn ich traurig bin, erlaube ich es mir, wenn ich wütend bin, erlaube ich es mir, wenn ich mich freue, erlaube ich es mir und spreche mit Rowena und Jona darüber. Ich sage ihnen, was mich gerade beschäftigt, berührt und erkläre es ihnen. Dabei wähle ich Ich-Botschaften und erzähle ihnen auch, dass es jetzt nicht etwas ist, was mit ihnen zu tun hat, sondern vielmehr eine Energie in mir ist, die sich bewegt. Vielleicht wurde sie durch ein bestimmtes Verhalten meiner Kinder ausgelöst, und dennoch liegt es nicht an ihnen, sondern an einer zum Beispiel Erfahrung in mir, die mich so oder so reagieren lässt. Also ist auch die Lösung in mir und nicht im Außen. Und wenn mein Zorn beispielsweise verraucht ist, dann sage und zeige ich Rowena und Jona ganz bewusst, dass ich sie genauso liebe wie vorher und sie völlig in Ordnung sind. Wie gesagt, das ermöglicht es mir, zu mir zu stehen und öffnet auch den Kindern den Weg, dieses Verhalten für sich zu üben. Wenn ich mit den Kindern spreche, wähle ich natürlich Worte und Begriffe, die sie verstehen und nachvollziehen können.

Unsere Kinder konfrontieren uns mit verschiedenen Themen, um uns letztendlich dadurch aufzufordern, ehrlich mit uns selbst zu sein. Beliebte Knöpfe, die sie bei uns drücken, sind, wenn es um Wut, Aggression und Trotz geht. Das entsprechende Verhalten meiner Kinder ließ mich meine Programmierungen erkennen. Ein Beispiel: Wenn sie in der Öffentlichkeit weinten oder zornig waren, fühlte ich mich sofort dafür in einer Art und Weise verantwortlich, die mir sagte, dass ich wohl etwas falsch gemacht haben musste. Der zweite Schluss war, dass ich keine gute Mutter sein konnte, denn sonst müssten meine Kinder doch immer lächeln und glücklich, lieb und nett sein. Deshalb begann mein Adrenalinpegel sofort zu steigen, und in Windeseile war ich darum bemüht, mein Kind wieder ruhig zu stellen, damit andere Menschen nicht womöglich auch noch auf die Idee kämen, meinen Überlegungen zuzustimmen. Ich war also vollauf damit beschäftigt, Rowena oder Jona dazu zu bringen, sich so schnell wie möglich wieder „normal" und unauffällig zu benehmen. Selig war ich, wenn es funktionierte, verzweifelt, wenn der Versuch der Beruhigung genau das Gegenteil bewirkte. Über diese Selbstwahrnehmung erkannte ich, dass ich viel zu sehr die Verantwortung für mein Umfeld übernahm, denn diese sollte sich durch das Verhalten meines Kindes nicht gestört fühlen.

In diesem Zusammenhang erinnerte ich mich an eine Begebenheit aus meiner eigenen Kindheit. Ich war damals noch keine drei Jahre alt, als ich mit meiner Mutter und meiner Schwester spazieren ging, besser gesagt wurde ich, in meinem Kinderwagen sitzend, spazieren geschoben. Ich weiß nicht mehr, was mir nicht passte, (ich glaube, ich hatte meinen Glücksring gerade verloren), als ich laut zu schreien begann. Auf jeden Fall erinnere ich mich noch daran, was ich an diesem Tag für Kleidung trug, und an den genauen Ort des „Dramas." Eine ältere Frau blieb stehen und meinte, was ich denn für ein ungezogenes Kind sei. Meine Mutter schämte sich in Grund und Boden und flüchtete mit mir und meiner Schwester nach Hause.

Ich möchte dir dieses gerne erzählen, weil ich glaube, dass es vielen Menschen ähnlich geht bzw. sie ähnliche Erfahrungen kennen. Und weil ich davon überzeugt bin, dass, – egal ob du dein Kind ein Kind der Neuen Zeit nennst oder nicht –, dieses Themen sind, die dir auf jeden Fall in irgendeiner Form begegnen werden. Im Umgang mit meinen Kindern fand ich mich also in einer „Wiederholung" wieder. So wie es meiner Mutter damals peinlich gewesen ist, dass ich zornig schrie, war es auch mir unangenehm, wenn sich meine Kinder öffentlich lautstark meldeten. Und wahrscheinlich ist es auch schon meiner Großmutter peinlich gewesen, und meiner Nachbarin und deren Vorfahren auch, und so weiter.

Als nächstes stellte ich mir die Frage, warum ich meinem Kind nicht erlauben konnte, wütend zu sein? Die Antwort kam, – weil nämlich diese Energie immer noch „negativ" besetzt ist. Und ich betrachtete, wie ich selbst mit meiner Wut umgehe.

Die Wertung, dass Wut etwas „Schlechtes" ist und wir nicht wütend sein sollen, kennen die meisten von uns. Auf den ersten Blick ist es die Angst, wir könnten dabei etwas zerstören oder jemanden manipulieren. Auf den zweiten ist es vielmehr die Angst vor unserer Kraft. Wenn wir also unsere Mitschöpferkraft leben möchten, dann müssen wir die Angst vor unserer Wut verlieren. Dann kann sie sich nämlich in Mut verwandeln.

Also, wenn du möchtest, nimm einen tiefen Atemzug und erlaube dir jetzt einfach einmal, grundsätzlich wütend sein zu dürfen, wenn dir danach ist. Erlaube dir einfach einmal grundsätzlich, dass du dich fühlen darfst, wonach auch immer dir ist. Alles ist erlaubt. Vielen Menschen fällt es nach wie vor leichter, sich als Opfer wahrzunehmen und sich an die entsprechenden früheren Leben zu erinnern, als an ihre Täterenergien.

Ich war lange Zeit davon überzeugt, dass ich keine Aggression in mir tragen würde, ja, dass ich nicht einmal wütend werden könnte, weil ich für alles Verständnis hatte. Weit gefehlt, wie sich erst Jahre später herausstellte. Dabei begegnete mir ein Mensch, der von nun an zu meiner Familie gehören sollte. Es war also schwer, ihm aus dem Weg zu gehen. Ich hatte so etwas bis dato nicht erlebt: Er brauchte nur den Raum zu betreten, und ich hatte das Gefühl, ich müsste entweder ganz schnell davonlaufen oder auf ihn losgehen. Ich erkannte mich selbst nicht wieder. Nun, ich erfuhr einiges, was mir in der Folge meine Gefühle und Reaktionen erklärte, doch ich konnte sie nicht verändern. Ich versuchte dieses und jenes, und je mehr ich es auflösen wollte, um so heftiger wurden meine Emotionen – bis zu dem Zeitpunkt, als ich sagte: Gut, ich lasse es jetzt so stehen, ich mache gar nichts mehr. Es dauerte Jahre. Doch Schritt für Schritt merkte ich, dass, auch wenn dieser Mensch immer noch nicht mein bester Freund ist, ich mich in seiner Gegenwart jetzt zumindest annähernd „normal“ verhalten kann.

Als ich begonnen hatte, mich mit meiner Wut auseinander zu setzen, lobte mich Hilarion in einer Einzelsitzung, wie sehr er sich freute, dass ich aus meinem still vor sich hinleidenden Opferbewusstsein immerhin schon zum wütenden Opfer geworden wäre, und das sei der erste Schritt zur Heilung.

In der Folge erwachten viele Erinnerungen an mein Tätersein, und mittlerweile kann ich auch den „Genuss“ in diesen Erfahrungen erkennen und dazu stehen.

Also, wie gesagt, ein wichtiger Punkt in diesem Zusammenhang ist es, dir selbst generell zu erlauben, wütend sein zu dürfen, Wut empfinden zu dürfen.

Was mache ich nun, wenn ich spüre, dass die Energie in mir, einem Vulkan kurz vor dem Ausbruch gleich, hochsteigt? Ich schreie, ich tanze, ich trommle, ich gehe ins Fitnesscenter, ich laufe durch den Wald, ich gehe ins Büro und schreibe am PC, ich beginne zu putzen oder Ähnliches mehr. Auf jeden Fall setze ich mein Gefühl in Bewegung um. Außerdem teile ich den Menschen in meiner Umgebung mit, dass ich jetzt wütend bin und bitte sie um Raum dafür, das heißt, mir aus dem Weg zu gehen, bis die Energie verdampft ist. Wenn der Zorn verraucht ist und ich mich wieder beruhigt habe, erkenne ich hinter meinem Ausbruch meist einen eigenen Mangel, der mich so hat reagieren lassen. Ich beginne über die Kommunikation mit meinem Inneren Kind diesen Mangel zu erkennen, zu benennen und ihn aufzufüllen.

Und nun habe ich eine vielleicht tröstende Nachricht für alle ungeduldigen Menschen unter euch, zu denen ich ja auch gehöre, denn Ungeduld ist ebenso häufig eine Ursache für meine Wut: Wir tragen alle eine Erinnerung, ein tiefes Wissen in uns über eine „Zeit", über ein Sein, in der bzw. in dem wir unsere Mitschöpferkraft frei, kreativ und freudvoll nutzten. Diese Wahrnehmung zu haben und immer wieder zu erkennen, dass es uns jetzt noch nicht gelingt, zu dieser Fähigkeit, zu dieser Quelle in vollem Umfang Zugang zu haben, die in uns ruht und darauf wartet, gelebt zu werden, macht auch wütend. Denn Wut ist eine reine Energie.

Wenn ich in meiner Mitschöpferkraft bin, kann ich das ganze Potenzial an Kraft gleich umsetzen, so aber habe ich noch oft einen Überschuss in mir, eine Energie, die aufgrund meiner Programmierungen noch brach liegt. Somit „muss" es im Moment noch immer wieder zu einem Ausgleich in meinem System kommen, ähnlich einem Dampfkochtopf. Verstehst du, was ich meine? Gleichzeitig ist diese Kraft aber auch eine Motivation, immer weiter auf dem Weg zu sein, bis wir wieder dort ankommen, wo wir einst schon waren und unsere Seele immer noch ist.

Durch diese Auseinandersetzung mit dem Thema Wut konnte ich mit den Ausbrüchen meiner Kinder besser umgehen, ich konnte sie verstehen und sie leichter sein lassen. Ich empfinde ihren Zorn nicht mehr so bedrohlich, weil ich meine eigene Wut nicht mehr so erlebe. Außerdem kann ich sie jetzt viel besser unterstützen, Wege zu finden, ihre Energie zu kanalisieren, – auch indem ich ihnen die Möglichkeit des Tobens und Laufens und Tanzens gebe.

Auch bei den Kindern ist es entweder eine Verletzung, die sie wütend macht, oder aber eine überschüssige Energie, oder ein Verhalten, das sie aus einer früheren Inkarnation mitgebracht haben. Darauf möchte ich in einem späteren Kapitel noch näher eingehen. Die Auseinandersetzung mit dir, die es dir in der Folge ermöglicht, authentisch zu sein und die dein Verständnis für Menschen und für das Zusammenleben mit deinen Kindern wachsen lässt, kannst du mit jedem Thema machen, bei dem du spürst, es beschäftigt dich, berührt dich, du gehst in eine „negative“ Resonanz damit.

Im Zuge meiner Auseinandersetzung konnte ich auch ein Stück mehr die Angst loslassen, was andere von mir halten, wenn ich so bin, wie ich eben bin. Ganz habe ich sie zwar noch nicht abgelegt, da es für mich immer noch wichtig ist, das Gesicht zu wahren (auch etwas, das ich von meinen Eltern übernommen habe!), doch mein Leben spielt mir immer so außergewöhnliche Wendungen und Begegnungen zu, dass ich gar nicht anders kann, als Stück für Stück immer mehr zu mir zu stehen, egal was andere davon halten.

Eine sehr heilsame Erfahrung diesbezüglich schenkte mir auch mein „Stiefsohn “Elia. Als er sich in der Öffentlichkeit lauthals zu Wort meldete, erkannte ich, dass das gar nicht so schlimm war. Es wurde mir bewusst, dass wenn es jemanden stören sollte, dieses eine wundervolle Möglichkeit für den Betreffenden wäre, sich mit sich selbst auseinander zu setzen, um zu erkennen, wo er selbst es sich vielleicht nicht erlaubt zu schreien. Genauso gut kann er ja auch den Raum verlassen, wenn es ihm zuviel wird. Auf jeden Fall freute ich mich über mich, dass ich zu dem weinenden Kind und zu mir stehen konnte und nicht mehr die Verantwortung für alle anderen an erste Stelle setzte.

Was ich dir damit gerne sage möchte, ist: Lass dich nicht von anderen unter Druck setzen bzw. tue es nicht selbst. Dabei hilft dir wieder die Anregung des tiefen Durchatmens aus dem vorherigen Kapitel, um in dir und deiner Mitte zu ruhen. Dann bist du im Gleichgewicht. Das ist es, was uns unsere Kinder (der Neuen Zeit) so wunderbar lehren können, und das ist es letztendlich, was uns jeder andere Mensch, jede Begebenheit, jede Situation, jede Pflanze und jedes Tier üben lassen möchte. Und das umzusetzen – dabei können wir unseren Kindern und anderen Wesen helfen.

Um in diesem Gleichklang zu sein, ist es wichtig, mich genau zu kennen und ehrlich mit mir selbst zu sein. Es ist meine Aufgabe, mir meine Bedürfnisse zu erfüllen und meine Freiräume, die ich brauche, zu erschaffen und nicht darauf zu warten, dass es von außen durch irgend jemanden geschieht.

Also ist dieses Kapitel wieder einmal nichts anderes als die Aufforderung, deinem eigenen Herzen zu folgen, deiner inneren Stimme, deiner inneren Wahrheit, und dir selbst treu zu sein – das heißt, authentisch zu sein, und das ist es, was deine Kinder von dir lernen können, wenn du es bist.

☆☆☆☆☆

Deine Visualisationskraft nutzen

Viele von euch haben von der besonderen Sternenkonstellation Anfang November 2003 gehört. Mond, Saturn, Sonne, Jupiter, Mars und Chiron bildeten einen sechszackigen Stern, eine Vereinigung, die anscheinend nur ca. alle 5000 Jahre vorkommt. Diese Konstellation wurde als Harmonische Konkordanz (= Übereinstimmung) bezeichnet.

Warum erzähle ich dir das?

Ganz einfach: Wir hatten an diesem Wochenende ein Engelseminar im Lichtgarten. Die Engel spielten mit den Sternenenergien, indem sie diese mit den Systemen der anwesenden Menschen verwoben und so die Sternenkräfte in den Menschen aktivierten. Einige Aspekte, die dabei initiiert und berührt wurden, waren zum Beispiel die Anerkennung der innewohnenden Selbstheilungskräfte, eine weitere Annahme der Ich-Bin Präsenz, die Förderung des Mutes, neue Wege zu gehen, und die Heilung der Vergangenheit, um neu zu beginnen. Das sind Qualitäten, die für alle Menschen in dieser Zeit wichtig sind und die auch durch die Kinder der Neuen Zeit gefördert werden.

Durch die energetische Konstellation dieses Wochenendes wird es in der Folge unter anderem erneut zu einer Beschleunigung unserer Manifestationen kommen. Du kennst sicher den Ausspruch: „Was ihr sät, das erntet ihr!“

Was ist nun diese Saat? Es sind unsere Gedanken, Gefühle, Handlungen etc. Eigentlich wissen wir ja alle um diesen Einfluss und die Kraft, die unser Denken, Fühlen, unsere Vorstellungen etc. haben. Dennoch gehen wir immer wieder sehr achtlos damit um und wundern uns dann über gewisse Geschehnisse in unserem Alltag. So möchte ich dich an dieser Stelle an etwas erinnern, was du schon längst weißt und das sozusagen bereits (als Fähigkeit und Weisheit) in dir ist: Ich möchte dich bitten, dir selbst zuzuhören, dich selbst zu beobachten, wie und was du denkst, fühlst, redest und tust. Ich möchte dich bitten, dass du dann in der Folge deine Mitschöpferkraft nutzt und aufbauende Gedanken, Gefühle, Aussagen und Umsetzungen förderst und, wenn du möchtest, weniger liebevolle veränderst. Das bezieht sich natürlich auf alle Bereiche deines Lebens.

Während meiner Ausbildung zur Sozialarbeiterin mussten wir uns mit dem Buch „Auf der Suche nach dem verlorenen Glück" von Jean Liedloff beschäftigen. Darin beschreibt die Autorin, wie Kinder bei Naturvölkern aufwachsen und vergleicht dieses mit unserer westlichen Art. Sie erzählte zum Beispiel, dass Kinder hier bei uns, wenn sie neben einem Loch spielen, nicht deshalb hineinfallen würden, weil es ein gefährlicher Ort sei, sondern weil wir sagen: „Pass auf, dass du nicht hineinfällst." Es ist laut Liedloff unsere eigenen Aussendung, also unsere eigene Manifestation bzw. Kraftlenkung, die dieses bewirkt.

Wir alle kennen das Phänomen der selbsterfüllenden Prophezeiungen. Wir sind mit jeder Faser unseres Seins von etwas überzeugt und dadurch erfüllt es sich. Wir kennen also genügend Beispiele, die uns bestätigen, dass wir durch unsere Gedanken und Gefühle unser Leben bestimmen, und dennoch wiederholen wir im Alltag sehr gern, dass diverse Dinge im Augenblick gerade kompliziert und schwierig sind. Aufgrund unserer Erfahrungen sind wir häufig so konditioniert, dass wir die Tendenz haben, generell eher vom Schlechtesten auszugehen, um in der Folge so wenig wie möglich enttäuscht zu werden. Das ist eigentlich eine Haltung des Selbstschutzes. Doch gerade durch unseren Wunsch, uns vor Verletzungen bewahren zu wollen, ziehen wir diese magisch an.

Nun gut. Wie du vielleicht weißt, bittet die geistige Welt uns seit geraumer Zeit, uns von den negativ gefärbten Erfahrungen zu lösen, frei davon zu sein, um uns die Erlaubnis zu geben, grundsätzlich das Beste zu erwarten – und siehe da, so kann es auch eintreten. Das heißt, sie bittet uns, unser Mitschöpfertum dahingehend anzunehmen, dass wir beginnen, bewusst zu denken, zu fühlen und zu handeln. Das ist ein Ausdruck der Christuspräsenz im tätigen Tun. Das Loslassen der vergangenen Gewohnheiten, um offen für neue zu sein, ist dann möglich, wenn ich zuvor ins vollkommene Einverstandensein mit ihnen gekommen bin und hat nichts mit Verdrängung zu tun, wie es in manchen Seminaren geübt wird. Dabei sollen positive Affirmationen suggeriert werden, ohne dabei die emotionale Betroffenheit mit einzubeziehen. Deshalb auch hier wieder an dieser Stelle meine Bitte und Anregung, deine Schritte am schnellsten durch eine liebevolle und sanfte Selbstbeobachtung, ohne erhobenen Zeigefinger, zu setzen. Also lass uns bitte, wenn du möchtest, gemeinsam davon ausgehen, dass grundsätzlich ab jetzt alles leicht ist: der

Wohnungswechsel, die Partnersuche, das Wohlbefinden in unseren Körpern, der beruflicher Alltag, das Zusammenleben mit unseren Kindern, etc.

Wenn du spürst, dass du anders darüber denkst bzw. Ängste wahrnimmst, kannst du diese Energien einfach betrachten und in dein Herz atmen. Du nimmst sie einfach an und auf, und so können sie heilen, das heißt, sie werden mit dir, als Schöpfer, wieder eins, sie kehren zu ihrem Ursprung, nach Hause, zurück, und so lösen sie sich in dir wieder auf. Auch das geht ganz von selbst, ganz leicht und bedarf keiner großen Leistung oder Anstrengung, keiner langen Übungen oder stundenlanger Konzentration. Wenn du deine Mitschöpferkraft lebst, manifestierst, dann geht das ganz einfach, indem du dir ein Bild in deiner inneren Welt malst, das deinem Wunsch entspricht. Du stellst es dir so bunt vor wie möglich. Durch deine Aufmerksamkeit, durch die Energie, die du hineingibst, durch die Farben, die Formen, die Klänge, die Details, durch die Sinne, mit denen du es wahrnimmst, hauchst du ihm Leben ein. Dadurch kann diese Vorstellung zu einer Gewissheit für dich werden, und wenn du das spürst, dann hat sie begonnen, mit der Materie Kontakt aufzunehmen und sich umzusetzen. Dann ist es nur noch eine Frage der „linearen Zeit“, wann du die Früchte ernten wirst. Wenn dein Wunschbild, deine Kreation wirklich zur inneren Gewissheit geworden ist, dann gibt es auch keine Ängste und Zweifel mehr. Diese liegen alle nur vorher auf dem Weg dorthin. Du weißt einfach, dass es so ist, wie du es wahrnimmst und wie es ist. Ab diesem Zeitpunkt ist es auch nicht mehr wichtig, ob du öfters daran denkst oder nicht, ob du dich damit beschäftigst oder nicht.

Viele Menschen fragen immer wieder, ob es ein permanentes Wiederholen dessen, was man sich wünscht, braucht oder nicht. Beides ist möglich. Doch oft ist das häufige Wieder- und Wieder- und Wiederholen nur ein Ausdruck des Mangels an Vertrauen. Und selbst wenn einmal etwas nicht so schnell oder gar anders kommen sollte, als gewünscht, ist auch das vollkommen in Ordnung. Es ist nicht weiter schlimm. Dann bist du weder schlecht, noch schuldig und hast auch nichts falsch gemacht. Es ist lediglich eine Erfahrung, die du gesammelt hast, nicht mehr und nicht weniger, und du kannst dich jetzt entscheiden, ob du noch einmal dasselbe oder etwas anderes probieren möchtest. Bitte, dass du deine Wünsche in der Einheit mit deinem Herzen und zum Wohle aller Beteiligten formulierst und erschaffst, das ist für mich so normal, dass ich davon ausgehe, dass es für dich auch so ist!

Doch zum Thema Bestellungen und Manifestationen gibt es noch viele bessere Expertinnen als mich. Also, falls es dich interessieren sollte, dich mehr damit zu befassen, bitte ich dich, ein Buch von Shakti Gawain (*Stell dir vor*), Catherine Ponder (*Die dynamischen Gesetze des Reichtums*) oder von Bärbel Mohr (*Bestellungen im Universum*) zu lesen. Die genauen Titel und Verlage findest du am Schluss.

Was bedeutet die Kraft unserer Visualisation nun im Zusammenhang mit unseren Kindern?

Zum Beispiel könnten wir unsere Energie dafür einsetzen, um das Erleben von Schwangerschaft zu verändern. Es braucht dir in den ersten Wochen nicht übel zu sein, und auch in der Zeit danach müssen keine Schwierigkeiten entstehen. Die Geburt kann leicht sein. Die Umstellung, die für die Eltern durch die Geburt des kleinen Menschen ist, kann für alle Beteiligten ohne Mühe erfolgen. Das Baby findet einfach seinen Schlafrhythmus, sodass es bald in der Nacht nicht mehr erwachen muss. Bei der Nahrungsaufnahme gibt es keine Komplikationen, sie ist ausreichend und gut verträglich.

Wenn die Kinder größer sind, können wir unsere Vorstellungskraft darauf ausrichten, dass sie immer gut behütet sein werden und wir in Leichtigkeit die passendste Schule finden, in der sie sich, ihrem Potenzial gemäß, optimal entfalten werden. Wir können uns auf ein gesundes, fröhliches Miteinander, ein leichtes Lernen und Wachsen etc. fokussieren. Je mehr Menschen das tun, um so schneller verändern wir das Morphogenetische Feld, also unsere kollektiven Glaubenssätze, was dann bald Auswirkungen auf alle Menschenkinder dieser Erde haben wird. Also nutze deine Kraft der Vorstellung und der Visualisation für dein Leben mit deinen Kindern. Entdecke erneut deine Phantasie, lasse sie wachsen.

Dass dir deine Kommunikation mit dem Inneren Kind und mit den Feen, Elfen und Naturwesen dabei behilflich ist, brauche ich dir hier nicht wieder zu erzählen. Erlaube dir zu träumen und erschaffe dir so dein Leben.

Gerade heute entdeckte ich in einer Tiroler Tageszeitung einen Artikel über die „Infantilisierung der Gesellschaft". Immer mehr Erwachsene haben das Bedürfnis nach Spielzeug, Teddybären, Kinderfilmen, danach, sich zu verkleiden etc. Ich finde das ein Zeichen für den Wunsch, sich wieder mehr dem Inneren Kind zu widmen und es leben zu lassen. So bekommt das Lied, das Herbert Grönemeyer vor Jahren sang, „Kinder an die Macht", eine neue Bedeutung für mich. Es ist die Aufforderung, die Welle der Kinder der Neuen Zeit zu nutzen, aufzuspringen, darauf zu surfen, um den eigenen, unbegrenzten, kindlichen Raum neu zu entdecken. Das wird unser bewusster Schritt in das Neue Zeitalter sein, der unser Leben, unsere Familien, unsere Gesellschaft, unsere Welt und unser Universum verändert.

Erlaube dir also deine inneren Bilder zu malen und bringe sie auch auf Papier und hänge sie auf, wenn es dir dabei hilft, dich darauf zu fokussieren. Oder zeichne dir Symbole, die du an Orten anbringen kannst, wo du sie häufig siehst, damit dich nichts und niemand von deinen Träumen abbringen kann. Erlaube dir, zu "spinnen" und setze deine Wünsche durch deine bewussten Gedanken und Gefühle in Bewegung und ermögliche ihnen die Verwirklichung. Und motiviere auch deine Kinder, ihre eigene Visualisationskraft zu entdecken und diese zu fördern. Erlaube dir aufzuhören, dir schon im Vorfeld über etwas Sorgen zu machen, das noch gar nicht ist. Erlaube dir, dich immer wieder selbst daran zu erinnern, dass alles wunderbar ist und sich auch weiterhin wunderbar entwickeln wird.

Dem Wesen der Liebe begegnen

Dem Wesen der Liebe zu begegnen bedeutet nichts anderes, als sich immer wieder an die eigene Essenz zu erinnern. In anderen Büchern wird es zum Beispiel der Kontakt mit deinem Hohen Selbst genannt, oder es ist die Aufforderung, in dein Herz zu gehen. In dieser Berührung mit dem Wesen der Liebe, das du bist, verändert sich die Wahrnehmung deiner selbst als auch die deiner Umgebung. Gelassenheit und Frieden nehmen in dir Raum. Und weil du das bestimmt schon einmal gemacht, gelesen oder gehört hast, möchte ich dich an dieser Stelle nicht mit Wiederholungen darüber langweilen und habe mir einfach eine andere Beschreibung deiner Essenz bzw. eine kleine Meditation dazu „zu-fallen" lassen.

Mache es dir bitte bequem und erlaube dir, ein paar Mal tief ein- und auszuatmen. Erlaube dir dabei mehr und mehr, zu dir selbst zu kommen, in deine Mitte, in deine Ruhe, und all das, was dich bis eben noch bewegt und beschäftigt hat, kann jetzt für einen Augenblick deines Lebens aus dir fließen.

Nun erlaube dir, einen tiefen Atemzug zu nehmen und dann beginne dir in deiner inneren Welt einen Ort zu erschaffen, an dem du dich wohl fühlst, vollkommen entspannen und auftanken kannst. Das kann ein Garten sein, ein innerer heilsamer Tempel, ein duftender, weicher Wald, ein goldener Sandstrand, ein kuscheliges Zimmer. Wofür auch immer du dich entscheidest und was auch immer du in dir formst, erlaube dir, den Raum deiner Erholung zu fühlen, zu schmecken, zu riechen –, einfach mit all deinen Sinnen zu berühren und zu erfahren. So kommst du dort an, mit all deinen Körpern und Zellen.

Nun genieße diesen, deinen Ort, und mit Hilfe deines Atems erlaubst du dir, in eine Kommunikation mit deinem erschaffenen Bild zu gehen. Das heißt, dass die heilsame Kraft deiner Kreation in dich überfließt und sich Weite in dir ausbreitet. Du wirst eins mit deinem Ort, mit seinem Frieden, mit seiner Möglichkeit, dich zu entspannen, mit seiner wärmenden, nährenden Art.

Mit dem nächsten Atemzug nun erlaube dir, das Wesen der Liebe zu dir einzuladen. Es ist ein großes leuchtendes Lichtwesen. Vielleicht schimmert es in vielen Regenbogenfarben, vielleicht ist es einfach reines Licht oder hat für dich eine bestimmte Farbe. Vielleicht ist es nur eine Energie ohne Form, vielleicht erkennst du eine klare Gestalt, vielleicht ist es wie ein Engel. Wie auch immer, es berührt dich und du erlaubst dir, die unendliche Weite und Liebe wahrzunehmen, die so überfließt und sich mehr und mehr in allen Ebenen deines Seins ausdehnt. Dann wird es eins mit dir und du kannst mit seinen Augen sehen und fühlen, und mit seinen Worten und in seiner Sprache sprechen, wenn du möchtest. Erlaube dir, wahrzunehmen, wie heilsam dieser Augenblick für dich ist.

Wenn du möchtest, kannst du dein Wesen der Liebe, das du bist, jetzt etwas fragen. Zum Beispiel, was dein Inneres Kind gerade von dir braucht, oder was deine „äußeren" Kinder heute von dir gerne möchten, oder dein unge-

borenes Baby, oder deine Schulklasse, die du unterrichtest. Erlaube dir einfach, in dieser Energie zu verweilen und die Antwort zu empfangen. Höre die Stimme oder die Botschaft, auf welche Art auch immer, des Wesens der Liebe. Wenn es klar und deutlich für dich ist, dann erlaube dir, dich bei dir selbst zu bedanken und kehre mit ein paar Atemzügen ins Hier und Jetzt zurück.

Erde dich bitte in dem Bewusstsein, dass du immer eins, umgeben und durchdrungen bist mit und von deinem Wesen der Liebe.

Erlaube dir, wenn du möchtest, dich bei allem, was du tust, auf dieses Wesen, das deine wahre Essenz ausdrückt, zu fokussieren – bei jedem Gespräch zum Beispiel, das du führst, wenn du arbeitest, aufräumst oder eine Zeitung liest. Du wirst merken, dass deine Wahrnehmung, deine Wortwahl, deine Antworten sich dadurch verändern. Du kannst auf der einen Seite mehr in deiner Mitte ruhen, und auf der anderen wirst du ein tiefes Verständnis und eine Form von Liebe für das, was im Außen ist, entwickeln. In Konfliktsituationen wird es dir leichter fallen, Ich-Botschaften zu senden, und somit ist eine Kommunikation möglich, die verbindet und nicht verletzt. Du kannst dich aber auch an das Wesen der Liebe, das du bist, erinnern, wenn du dich auftanken, erholen oder dir selbst einfach etwas Gutes tun möchtest, um die Harmonie in deinen Körpern zu fördern. Als Wesen der Liebe kannst du natürlich auch mit der Seele, dem Hohen Selbst bzw. dem Wesen der Liebe, das ein anderer Mensch ist, Kontakt aufnehmen. Das ist dann hilfreich, wenn du eine Handlungs- oder Vorgehensweise eines Menschen besser verstehen möchtest, weil du dich zum Beispiel verletzt fühlst und im Moment keine Möglichkeit hast, dieses mit ihm persönlich zu klären. Dann ist ein Austausch mit seiner Seele sehr heilsam. Oder du bist dir nicht sicher, ob du einem Menschen eine bestimmte Energie zur Verfügung stellen darfst oder nicht. Dann bekommst du über sein Wesen der Liebe eine klare Antwort dazu und weißt in der Folge genau, was zu tun ist bzw. nicht. So funktioniert natürlich auch die Kommunikation mit Babys und Kleinkindern, auch mit schwer zugänglichen, verhaltensauffälligen oder zum Beispiel auch autistischen Menschen. In den Gesprächen zwischen deinem Wesen der Liebe und dem eines anderen Menschen kannst du beispielsweise klären, was der Hintergrund für Schlafprobleme ist und wie sie gelöst werden könnten, was die Ursache für das häufige Weinen deines Kindes ist und wie es gelöst werden könnte, etc. Bitte, auch hier wachsen die Klarheit der Wahrnehmung und das Vertrauen in dich selbst durch das regelmäßige Tun und Ausprobieren.

Wenn ein Mensch dir sehr nahe steht, dann bitte doch einfach einen anderen darum, in die Kommunikation mit ihm zu treten. Das ist viel einfacher, denn aufgrund deiner emotionalen Nähe kann es schon einmal passieren, dass die Antwort nicht klar und deutlich zu verstehen ist. Das ist ganz normal. Deshalb gibt es viele Menschen auf dieser Erde, damit wir immer auch jemanden an unserer Seite haben, der uns unterstützen kann. Und wenn dieser betreffende Mensch ein Anliegen hat, so kannst du ihm dann in der Folge auch weiterhelfen. In einem späteren Kapitel schreibe ich noch etwas über Lichtkreise, wo sowohl der Kontakt zu als auch die Kommunikation zwischen den Wesen der Liebe „geübt" werden können.

Der Ablauf, wenn du mit einem anderen „Liebeswesen" kommunizieren möchtest, ist ganz einfach. Du bist in der Einheit mit deinem, und dann lädst du das Wesen der Liebe des Menschen, mit dem du jetzt sprechen möchtest, ein, vor dir Raum zu nehmen. Und dann unterhältst du dich ganz „normal" mit ihm. Wenn alle Fragen geklärt sind, bedankst du dich bei dem Wesen und entlässt es wieder und schließt die kleine Unterhaltung wie gehabt mit Erden ab und kommst zu dir zurück.

Dass auch diese Form der Begegnung und der Kommunikation etwas mit Ethik zu tun hat, ist, glaube ich, mittlerweile selbstverständlich. Und dass ein Helfersyndrom nicht ein Ausdruck eines besonders weit entwickelten Menschen ist, sondern eher der Hinweis auf sehr viel Angst, die Kontrolle zu verlieren oder sich mit sich selbst auseinander setzen zu müssen, ist dir in der Zwischenzeit wahrscheinlich auch schon bekannt.

In diesen Bereich fallen für mich auch Aussagen wie zum Beispiel: Ich habe doch alles für meine Kinder getan. Ich möchte doch nur ihr Bestes. Ich habe doch auf soviel verzichtet, um meinen Kindern, dieses oder jenes zu ermöglichen, etc.

Die Erinnerung an das Wesen der Liebe, das du bist, hilft dir, wenn du einen Konflikt mit jemandem hast. Vielleicht hast du dich gerade über das Verhalten deines Kindes geärgert. Dann erlaube dir in solchen Augenblicken einfach, tief durchzuatmen, dich auf deine Essenz auszurichten, sie strömen zu lassen, sie wirken zu lassen. So breitet sich Frieden in dir aus, und du wirst spüren, wie sich dein Herz wieder öffnen kann. Dann wird es dir wieder möglich sein, auf dein Kind zuzugehen, dich mit ihm zu versöhnen und eine gemeinsame Lösung zu finden.

Als Wesen der Liebe kommunizierst du mit und aus deinem Herzen. Dadurch erkennst du deine eigene Göttlichkeit an und siehst sie auch in allen anderen Wesen. Das bedeutet nicht, dass jede Gefühlsregung gleich verflogen sein muss. Doch es ist nicht mehr wichtig, was du empfindest, weil du einfach weißt und spürst, dass deine göttliche Liebe alles durchströmt, und sie hinter und in allem ist.

☆☆☆☆☆

Kinder empfangen

Immer wieder begegne ich bei meiner Arbeit Menschen, die gerne ein Kind empfangen möchten, es bisher noch nicht geschafft haben.

Grundsätzlich ist es so, dass sich eine Seele vornimmt, ob sie in einer Inkarnation Kinder bekommen wird oder nicht. Manches Mal bestimmt sie auch klar die Anzahl. Hin und wieder lässt sie es offen, ob sie Kinder haben wird, sie nimmt den Wunsch als Option mit, doch sie muss ihn nicht unbedingt erfüllen.

Es kann sein, dass deine Seele schon so oft Mutter oder Vater gewesen ist, dass sie jetzt einfach eine andere Erfahrung machen möchte. Es kann sein, dass sich deine Seele für dieses Leben vorgenommen hat, für andere Kinder da zu sein, oder sie überhaupt nicht in einem rezeptiven-mütterlich-nährenden Fokus sein möchte, sondern den Schwerpunkt auf die Entwicklung deiner Zielgerichtetheit durch eine steile Karriere, die du machen solltest, legt.

Wenn eine Frau sehr gerne schwanger werden möchte, kannst du, außer dem Wunsch der Seele, noch verschiedene andere Ebenen betrachten, zum Beispiel, was ihre Motivation für diesen Wunsch ist. Folgt sie dabei einem Impuls des Herzens, oder möchte sie damit einen Mangel füllen?

Manche Menschen sehnen sich nach einem eigenen Kind, weil sie dadurch glauben, die Verletzungen ihres Inneren Kindes zu heilen, indem sie es besser machen möchten wie ihre Eltern. Sie glauben, dass sie durch die

Geburt eines Kindes einen Sinn in ihrem Leben oder auch in ihrer Partnerschaft finden können, den sie sonst nicht empfinden oder sehen. Andere Menschen wünschen sich ein Kind, damit sie endlich jemanden haben, den sie lieben können und von dem auch sie geliebt werden. Vielleicht geht es einfach nur darum, eine dieser Motivationen zu erkennen, sie zu verändern, und dann ist es für die betreffende Frau leicht, ein Kind zu empfangen. Es kann auch sein, dass vor einer Schwangerschaft noch eine emotionale Belastung aus einem früheren Leben gelöst werden muss. So hat eine Frau vielleicht die Erfahrung gemacht, dass sie ihre Kinder immer wieder sehr früh verloren hat, und aus dem Schmerz heraus hat sie sich vorgenommen, nie wieder ein eigenes Kind zu bekommen, damit sie mit der Angst des Verlierens nicht mehr konfrontiert werden kann. In diesem Fall wäre es erst nach der Heilung dieses vergangenen Lebens möglich, ein Kind zu empfangen.

Die Seelen der Kinder, die inkarnieren möchten, begleiten die Frau schon vorher in ihrem aurischen Sein. Das heißt, dadurch kann ein sichtiger Mensch auch erkennen, ob eine Schwangerschaft im Moment sehr wahrscheinlich ist oder nicht. Dennoch ist für die eigentliche Empfängnis auch eine gewisse Offenheit des physischen Körpers nötig. Das heißt, dass es ebenfalls auf dieser Ebene Unterstützungen gibt, die eine Schwangerschaft fördern. Wesentliche Punkte dabei sind die Art und Weise, wie du deinen Körper fühlst und wahrnimmst, deine Einstellungen zu ihm, zur Kraft des Aufnehmens und Gebärens, und zu deiner Weiblichkeit. Eine Möglichkeit, dich und den Rhythmus deines Körpers besser kennen zu lernen, ist Luna Yoga, – eine sehr sanfte Form der Bewegung, um mit deinem Körper Kontakt aufzunehmen und ihn zu entspannen und so deine Fähigkeit des Empfangens zu fördern. Bei den hinten angeführten Buchempfehlungen findest du einen Titel, der dich einfach in diese Bewegungsform einführen kann, falls dich dieses interessieren sollte. Weitere Hilfsmittel sind zum Beispiel, dich regelmäßig massieren zu lassen, um weit und weich zu sein, oder dich viel mit Rosenquarzenergie zu umgeben, indem du den Stein trägst oder mit ihm meditierst, oder – wenn du gerne mit Farben spielst –, ein Aura Soma-Öl anzuwenden. Empfohlen wird dabei die Balanceflasche Nr. 11.

Aura Soma ist eine Farb- und Lichttherapie aus England, und auch dazu findest du einen Lesetipp im Anhang.

Was ich bei dem tiefen Wunsch, schwanger zu werden, oft erschwerend erlebe, ist folgendes: Wenn eine Frau die Information hat, dass sie ein Kind bekommen wird und sich dadurch womöglich zu sehr darauf fixiert, kann eine Verkrampfung des gesamten Systems entstehen. Eine weitere, nicht gerade schwangerschaftsfördernde Energie ist die Angst mancher Frauen, demnächst zu alt für ein Kind zu sein. In diesem Fall ist es, aus meiner Sicht, ganz wichtig, sich nicht den Überzeugungen anzupassen, die dem allgemein gültigen, morphogenetischen Feld entsprechen. Für mich persönlich ist das Alter in diesem Zusammenhang keine Frage, das heißt, es gibt für mich kein „zu alt“, um schwanger zu sein oder zu werden. Die geistige Welt erklärt uns immer wieder, dass wir unsere Mitschöpferkraft dahingehend nutzen sollen, uns aus den Glaubenssätzen, dass unser physischer Körper altern und sterben muss, zu lösen. Dieses bestätigt ebenso die Einstellung, dass es eigentlich wirklich nicht möglich ist, jemals zu alt für die Empfängnis eines Kindes zu sein.

Wie gesagt, falls du spüren solltest, dass das ein Thema für dich ist, dann löse dich bitte bewusst aus dem Morphogenetischen Feld und kreiere dir deine eigene Wirklichkeit. Dieses Herauslösen ist ganz einfach, und es hat schon in anderen Büchern immer wieder Hinweise darauf gegeben.

Du kannst dir zum Beispiel vorstellen, dass du über Energiefäden mit diesem Feld verbunden bist. Wähle dir für das Morphogenetische Bewusstsein ein Symbol, und dort führen deine Lichtbahnen hin und über diese erhältst du die entsprechenden Informationen, die deine Glaubenssätze bestätigen, formen und nähren. Das heißt, du würdest nun durch deine klare Absicht jenen Energiefaden, der dir die Überzeugung, du seist zu alt zuspielt, einfach aus dem Symbol, aus dem Bild lösen. Der zweite Schritt ist, ihn bewusst dort anknüpfen zu lassen, wo dir die Information zufließen kann, dass du immer im richtigen Alter bist, um ein Kind in Leichtigkeit und in Gesundheit zu empfangen. Diese kleine Übung kannst du natürlich auch zu jedem anderen Thema machen.

Und wie sieht es nun mit den Vätern aus?

Ähnlich. Auch dort gibt es einen Seelenplan, der schon grundsätzlich die Aussage „Kinder, ja oder nein" enthält. Häufig ist dabei auch festgelegt, ob er mit diesen Kindern zum Beispiel zusammenleben oder ob er womöglich nur als „Erfüllungsgehilfe“ dienen wird. Manchmal wünscht sich ein Paar Kinder, und es ist wichtig, im Vorfeld mit dem zukünftigen Vater und seinem Inneren Kind zu arbeiten, um dort die Angst, zu kurz zu kommen, aufzulösen, bevor es möglich ist, schwanger zu werden. Es kann auch sein, dass eine Befruchtung bis jetzt nicht möglich war, weil die Spermaqualität nicht entsprechend war, was mit einer Inkarnation als Bettelmönch zu tun haben kann. Wenn diese bearbeitet ist, verändert sich der Samen und eine Empfängnis ist möglich.

Es kann aber auch sein, dass es in der Kombination von zwei Menschen nicht vorgesehen ist, Kinder miteinander zu bekommen, bzw. wenn sie sich dann wieder von einander lösen und andere Partner finden, sich ihr Kinderwunsch sehr schnell erfüllt.

Ich möchte dich mit diesem Kapitel ermutigen, denn wenn du dir ein Kind wünschst, hast du viele Möglichkeiten der Betrachtung, um deinem „Ziel“ näher zu kommen. Dadurch kannst du Zusammenhänge und Hintergründe erkennen und wirst sicher in der Lage sein, zu verstehen und anzunehmen, wie auch immer die Situation ist und sich entwickelt. Letztendlich sind wir hier, um das zu erfüllen, was unsere Seele durch uns erfahren möchte. Meine Seele hat sich zum Beispiel vorgenommen, Kinder zu bekommen, mein „Ich“ wollte es nicht. Doch ich hätte mich auf den Kopf stellen können und mit den Zehen zu wackeln, – sie wären dennoch durch mich geschlüpft. Ich weiß auch, was sich meine Seele dabei „dachte“, nämlich: „Das schadet ihrer Entwicklung überhaupt nicht. Im Gegenteil, sie wird dadurch mit Themen konfrontiert, um die sie sonst einen weiten Bogen gemacht hätte, die aber zur Entfaltung ihrer Persönlichkeit äußerst dienlich und nützlich sind."

Nun denn, „ich" verstehe meine Seele, was sie damit meint, und kann ihre Entscheidung gut annehmen, auch wenn, ganz selten, still und leise, sich manchmal mein „Ich" zu Wort meldet, ob es nicht auch anders gegangen wäre, und meine Seele dann milde lächelnd und liebevoll: „Nein!", sagt.

Grundsätzlich sind Kinder ein sehr kreativer „Ausdruck", und ich kann verstehen, wenn sich jemand wünscht, dieses zu erfahren.

Doch falls es nicht für dieses Leben vorgesehen ist, brauchst du nicht traurig zu sein. Es gibt so viele Möglichkeiten, dich auszudrücken, deine Energie einzusetzen, um Leben zu bringen. Und so viele andere Menschen sind froh, wenn sie bei dem Zusammensein mit ihren Kindern Unterstützung bekommen. Du kannst deine Energie aber auch in Projekte einfließen lassen und so ein Pflänzchen zum Wachsen bringen. Und je mehr wir uns wieder als *eine* Menschheit erleben und wahrnehmen, desto unwichtiger wird es uns auch werden, ob es die eigenen Kinder sind oder die eines anderen „Familienmitglieds", um die wir uns kümmern möchten und es auch tun. Denn Kinder sind ohnehin nicht unser Eigentum, sondern es geht darum, sie zu begleiten und sie dennoch als eigenständige Menschen und Persönlichkeiten zu sehen und sein zu lassen.

Mit Kindern leben

Das Zusammenleben mit Kindern verändert dein Leben, das wird wohl jeder, der das erlebt hat, bestätigen. Ich möchte es eine Bereicherung nennen. Klar kannst du am Morgen nicht mehr so lange ausschlafen und nicht immer mehr in Ruhe mit deiner Freundin Kaffee trinken und auch nicht mehr stundenlang mit deinem besten Freund telefonieren.

Das Zusammenleben mit meinen Kindern lehrte mich beispielsweise, mehrere Dinge gleichzeitig tun zu können, und somit sehe ich es als Förderung meiner Multidimensionalität. Und eigentlich bin ich auch recht zufrieden, dass der Tag durch das frühere Aufstehen mehr Stunden zur Verfügung hat, die man nutzen kann.

Doch nun mal im „Ernst“: Grundsätzlich ist mir beim Zusammenleben mit meinen Kindern ganz wichtig, dass jeder seine Bedürfnisse äußern kann und immer wieder seinen Raum erhält, um zu sein. Dabei unterstützt ein (Lebens)Rhythmus, der für alle Beteiligten passt. Es gibt Freiräume, und es gibt Grenzen. Eine „Grenze“ ist für mich zum Beispiel, meine Kinder immer wieder anzuregen, dass sie das, was sie herholen, auch wieder wegräumen. Eine weitere klare „Grenze“, die es bei uns gibt, ist der Tagesrhythmus und die Zeit des Zubettgehens am Abend. Dafür bin ich recht frei, was das Thema Essen betrifft, was und wie viel sie essen. Und sie müssen auch nicht still am Tisch sitzen und warten, bis alle fertig sind.

Ebenso dürfen sich Rowena und Jona anziehen, was

sie möchten (soweit es annähernd der jeweiligen Jahreszeit entspricht), und dabei kommen die erstaunlichsten Kombinationen heraus. Und wenn ich mich nicht erinnern würde, dass meine Mutter häufig fast in Ohnmacht gefallen wäre, wenn sie meine Kleidung gesehen hat, wüsste ich nicht, ob ich in manchen Momenten so ruhig durchatmen könnte. Freiräume gibt es bei uns zum Beispiel auch, dass Jona genau so gern Nagellack verwenden darf wie Rowena und ich. Warum nicht? Mir persönlich ist es ein Anliegen, dass sie mit den Dingen spielen dürfen, mit denen sie spielen möchten; dass sie nicht geschlechtsspezifisch erzogen werden, sondern frei nach ihren Wünschen und Interessen. Für mich ist es wichtig, ihnen viele Facetten vom Leben zu zeigen. Manchmal möchten sie bei meinen Seminaren dabei sein, dann dürfen sie. Manchmal bevorzugen sie es, in der Zwischenzeit lieber mit jemand anderem zu spielen. Sie haben ihre Kontakte mit Gleichaltrigen, genauso wie sie „große“ Freundinnen und Freunde haben, die immer wieder etwas mit ihnen unternehmen. Sie kennen meinen „Arbeitsalltag“, und sie genießen die gemeinsamen Unternehmungen und auch die vielen Reisen.

Für mich war es von Anfang an klar, dass die „Arbeit“ (Windelnwechseln etc.) und das Sein mit den Kindern von der Geburt an mit Antan gleichermaßen geteilt wird (und für Antan war es das auch). Und das war für alle wunderbar. Durch unsere Tätigkeit im Seminarzentrum sind es Rowena und Jona von klein auf gewohnt, dass immer wieder viele Menschen im Hause sind. Ebenso genießen sie es, wenn andere auf sie aufpassen und für sie da sind.

Das gibt ihnen die Möglichkeit, Erfahrungen zu sammeln, die sie mit mir oder Antan nicht hätten machen können. So freuen sie sich zwar, wenn ich nach einem Wochenendworkshop wieder nach Hause komme, doch es gibt nie ein Problem, wenn ich sagte, dass ich nun ein paar Tage verreisen würde.

Ich kenne einige Menschen, vor allem Mütter, die glauben, sie könnten sich nicht ein paar Tage Zeit für sich nehmen, weil dann vielleicht die Kinder und der Haushalt, vom Ehemann ganz zu schweigen, darunter leiden würden. Wenn sich diese Frauen dann dazu entschließen, zum Beispiel zu einem Seminar zu fahren, erkranken ihre Kinder, und Ähnliches mehr. Sehr häufig ist dieses eine Manifestation der Mutter, die ihr schlechtes Gewissen, – „Mütter dürfen das Haus nicht verlassen, bis ihre Kinder verheiratet sind" –, gelenkt hat. Eine gute, klare Kraftlenkung, würde die geistige Welt an dieser Stelle sagen. Ich würde die Frau bitten, sich mit sich selbst auseinander zu setzen und zu lernen, der Stimme ihres Herzens zu lauschen, um so bewusster ihr Leben zu gestalten. Das hat es bei uns nie gegeben, denn meine Beobachtung zeigt: wenn es für mich klar ist, dass ich etwas machen möchte, dann strahlt diese Klarheit auf das Umfeld aus. Wenn ich aber unsicher bin, – beispielsweise aufgrund eines schlechten Gewissens, ob es meinen Kindern in meiner Abwesenheit wirklich gut geht – bereitet sich dieses aus und die Folge ist dann vielleicht ein schweres Loslassen, Disharmonie, etc.

Du kannst das Zusammenleben mit deinen Kindern

beeinflussen. Je klarer du dir erlaubst, zu dir zu stehen, um so leichter wird die Umsetzung sein, und in der Folge wird dich deine Familie dabei sogar noch unterstützen.

Rowena und Jona haben für sich immer die Gewissheit, dass ich wieder komme, und das genügt ihnen. Ich bin sehr dankbar über die Möglichkeit, wie ich „Familie“ leben kann, weil es auf diese Art für mich stimmig ist.

Es gibt so viele Formen, wie du dir dein Leben mit Kindern gestalten kannst, so dass auch du und deine Bedürfnisse Raum haben, dass ich dich wirklich dazu motivieren möchte, dir zu überlegen, was du alles brauchst, damit es dir gut geht. Damit du in der Folge in dir ruhen und die Zeit mit deinen Kindern genießen kannst. Ich bin sicher, es ist für die Kinder wichtig, zu fühlen, dass sie geliebt werden. Und auch diese Form der Zuneigung beginnt mit der Selbstliebe. Das wiederum lässt jedem in der Familie die Freiheit, das zu sein, was er möchte bzw. was er ist.

Ich habe gesehen, wie leicht wir Kindern etwas überstülpen und sie dadurch in eine bestimmte Richtung führen können.

Als sich die Beziehung zwischen mir und Antan veränderte, wäre es ein Leichtes gewesen, ihnen zu vermitteln, das er ein „böser Mann“ ist und generell alle Männer das sind. (Ich übertreibe hier ein wenig!) Doch sie hätten es mir geglaubt. Es war für mich eine so tolle Lernmöglichkeit, wirklich bei mir zu bleiben. Meine Themen, meine Verletzungen mit mir zu klären und meinen Kindern in einer Neutralität zu begegnen, dass sie niemals das Gefühl hatten, dass sie etwas verlieren würden. Es änderte sich lediglich etwas in der Partnerschaft zwischen mir und Antan, aber nicht zwischen mir und den Kindern, oder zwischen ihnen und ihrem Vater.

Auch als Antan sich erneut verliebte, beschnupperten sie den Neuankömmling zwar, doch sie nahmen sie ohne zu zögern in die Familie auf und erlebten die Situation als Erweiterung. Hätte ich ihnen gesagt, oder auch nur gedacht, dass Antans jetzige Lebensgefährtin eine „böse Frau“ sei, weil sie in unser Leben getreten ist, hätten die Kinder das sofort übernommen. So konnte ich sie in der Weite lassen. Sie hatten die Freiheit, sich ihre eigene Meinung zu bilden, und das taten sie. Rowena und Jona lehrten mich in dieser Zeit, dass Kinder nicht werten, außer wir bringen sie dazu. Sie haben keine Vorstellung von „Gut“ und „Böse“ oder von „Richtig“ und „Falsch“, so wie wir. Für sie war es nicht schlimm, dass sich meine Partnerschaft zu Antan veränderte, wichtig war für sie nur, dass sie mich, ihn und andere Menschen um sich hatten und haben, die für sie da sind und sie lieben. Doch es gibt für sie dabei keine bestimmte „Form“, wie es sein müsste. So ist es für sie etwas ganz Normales, das sie genießen können, weil wir so einfach eine größere Familie geworden sind – logischer Schluss für Rowena und Jona: Mehr Menschen, die einen lieb haben, und mehr Menschen, die man selbst lieben kann = eine Bereicherung!

Das war für mich eine einprägende Zeit. Ich erkannte, wie wichtig es ist, achtsam, nicht in der Wertung zu sein und wirklich auch den Kindern die Möglichkeit zu schenken, ihre eigenen Erfahrungen zu sammeln. Gleichzeitig war und ist es mir im Zusammensein mit meinen Kindern immer wieder ein Anliegen, dass sie mich nicht nur als Mutter, sondern auch in der Vielzahl meiner Facetten, also auch im Umgang mit meinen Freunden, in meiner Arbeit etc. erleben können, – einfach als Mensch mit meinen unterschiedlichen Vorlieben, Schwächen und Stärken. Das erlebe ich ebenso für alle Beteiligten als Bereicherung und Freiheit, denn auch dieses fördert für mich die Anerkennung der Andersartigkeit in jeder Hinsicht und motiviert, dass jeder so sein darf, wie er ist. Das führt mich zu einer Anregung, die ich dir gerne mitgeben möchte:

Erlaube dir, wenn du möchtest, dich mit dem Wesen der Liebe zu vereinen, das du bist. Dann schreibe dir einmal auf, was du alles bist bzw. sein möchtest. Die Liste könnte zum Beispiel so aussehen: Eine liebende und geduldige Mutter, eine bekannte Künstlerin, eine umwerfende Partnerin, eine erfolgreiche Geschäftsfrau in einer Bank, eine beliebte Bauchtänzerin etc. Dabei geht es darum, dass du die Vielfältigkeit, die du bist, kennen lernen kannst. Du bestimmst dein Leben. Es geht dabei um eine Neudefinition von dir, außerhalb von Rollenzuordnungen, die seit jeher bestehen. Wenn du möchtest, mache dir immer wieder auf diese Art und Weise bewusst, was alles in dir schlummert und von dir gelebt werden möchte. Es gibt nichts, was du nicht sein darfst. Und was das Schöne daran ist, je mehr du dir erlaubst, dazu zu stehen, um so mehr Friede kehrt in dir ein. Und dieser strahlt aus in deine gesamte Familie.

Gleichzeitig förderst du so das Selbstvertrauen und den Mut in deinen Kindern, sich auch immer wieder neu und selbst zu entdecken.

Dieses Leben ist ein buntes Leben. Wir Menschen haben die Tendenz, es als schwarz-weiß zu sehen und zu erleben. Wir sind zwar nicht glücklich dabei, doch verändern wollen wir es nicht. Warum nicht? Habe den Mut dazu, es gibt keine Grenzen, außer jenen, die, wie du weißt, wir uns selbst permanent setzen.

Du möchtest, dass dein Kind glücklich ist, dass es ihm gut geht? Dann beginne bei dir selbst. Du möchtest, dass deine Schüler glücklich sind und dass es ihnen gut geht? Dann beginne bei dir selbst. Bleibe bei dir und sei glücklich, sei bunt und farbenfroh und erlaube dir, dieses Leben in all seinen Facetten, Formen und Möglichkeiten zu lieben.

☆☆☆☆☆

In der Kindergruppe und im -garten

Die Wahl einer stimmigen Kindergruppe bzw. des passenden Kindergartens ist genauso wichtig, wie später eine geeignete Schule zu finden. Wenn mehrere Möglichkeiten zur Auswahl stehen, dann kannst du dich mit deinem Wesen der Liebe verbinden und hören, was es dir empfehlen würde. Meiner Erfahrung nach macht es den Kindern grundsätzlich Spaß, sich mit gleichaltrigen Menschen auseinander zu setzen und mit ihnen zu spielen.

Falls ein Kind sich in einer Kindergruppe nicht wohl fühlen sollte, kann dieses mehrere Ursachen haben. Zum Beispiel, dass der Ort oder die Menschen für das Kind nicht stimmig sind. Um dieses herauszufinden, ist, wie gesagt die Kommunikation mit dem Wesen der Liebe hilfreich. Es kann sein, dass das Kind aus einer früheren Inkarnation (darauf möchte ich in einem späteren Kapitel näher eingehen) eine Angst vor dem Verlassenwerden oder vor dem frühzeitigen Verlust seiner Eltern in sich trägt und deshalb keine eigenen Schritte setzen möchte. In diesem Fall ist eine Veränderung der Energie, ein Clearing, hilfreich. Oder es kann sein, dass das Klammern von den Eltern ausgeht, die aus einem falsch verstandenen Beschützerinstinkt heraus dem Kind nicht erlauben können, eigene Wege zu gehen. In diesem Fall ist es sinnvoll, mit der Mutter oder dem Vater energetisch zu arbeiten, um so ihnen und ihrem Kind die Freiheit zu schenken.

Ich möchte dir einige Beispiele aus der Praxis nennen:

In einer Kindergruppe war ein Junge, der in einer früheren Inkarnation, und diese war ihm sehr präsent, ein dominanter König gewesen ist. Er war es gewohnt, dass alle nach seiner Pfeife tanzten. Er besuchte die Spielgruppe gerne, solange seine Mutter mit anwesend war. Sobald sie den Raum verließ, begann er zu brüllen und beruhigte sich erst wieder, wenn sie zurückkam. Es war für ihn ganz klar: seine Mutter war sein Besitz und hatte das zu tun, was er wollte.

In diesem Fall ging es darum, die Kraft und das Selbstverständnis der eigenen Person in der Mutter zu stärken, damit sie die Klarheit entwickeln konnte, ihren eigenen Weg zu gehen und sich nicht mehr von dem kleinen Menschen manipulieren lassen würde. Den Sohn unterstützte die Kommunikation mit seiner Seele, so dass er lernen konnte, wie wunderbar es ist, ein König zu sein, doch dass diese Kräfte auch anders eingesetzt werden können. So entspannte sich das Verhältnis und beide konnten freier atmen und sein.

Als Jona ein paar Wochen alt war, erfuhr ich über die geistige Welt, wo er später einmal leben würde. Nämlich ganz weit weg von hier. Als ich das hörte, bemerkte ich, dass ich erschrak, weil ich nur das kleine Wesen vor mir sah und nicht das Bild des erwachsenen Menschen, der er dann ja sein würde. Dadurch hatte ich eine energetische Bindung erzeugt, die mir zuerst nicht bewusst war. Sie äußerte sich zum Beispiel so, dass Jona mir sehr nahe war, so als würde er mich immer in meinem aurischen Sein auf eine sehr „enge“ Art begleiten. Für ihn stellte sich die Verbindung so dar, dass er sich am liebsten von mir tragen ließ und zu jeder Tages- und Nachtzeit ganz in meiner Nähe sein wollte.

Als mich ein hellsichtiger Freund darauf aufmerksam machte, war es klar, dass ich diese Einschränkung wieder in die Weite bringen wollte und ließ mich in diesem Zusammenhang durchreinigen. Ab diesem Zeitpunkt war ich Jona plötzlich nicht mehr so „wichtig" wie vorher, und auch ich trug ihn nicht mehr ständig auf die vorher erwähnte Art und Weise in meinem aurischen Feld.

Natürlich gibt es Phasen, in denen der Kontakt zu einem Menschen näher und einige Zeit danach wieder weiter ist. Es gibt Tage, an denen suchen die Kinder meine Nähe, und an anderen „brauchen" sie jemand anderen mehr als mich.

Die oben genannten Beispiele beziehen sich auf Situationen, die auf längere Sicht einen anderen einschränken und verengen. Ich meine damit nicht ein Verhalten, das zwischendurch einmal einen Tag oder zwei sichtbar ist. Um dieses für dich abzuklären, wo die Ursache und die Lösung einer Verhaltensauffälligkeit deines oder eines Kindes in deiner Spielgruppe ist, hilft dir der regelmäßige Kontakt mit dem Wesen der Liebe, das du bist. So kannst du leichter deine Impulse wahrnehmen und ihnen folgen.

Manchmal ist es auch wichtig, für dich zu erkennen, dass es nichts zu tun gibt, um eine Situation zu verändern, weil vielleicht die Zeit dafür noch nicht reif ist und die beteiligten Wesen das betreffende Spiel noch länger spielen möchten. Ein anderes Mal wiederum begegnet dir etwas bzw. jemand, weil es/er den tiefen Wunsch nach Veränderung in sich trägt. Manchmal triffst du auf bestimmte Begebenheiten oder Menschen, um sie in der Folge intuitiv weiterzuvermitteln an jemand anderen, bei dem du genau weißt, dass dieser für den nächsten Schritt hilfreich ist. Was ich damit sagen möchte ist, dass du vor lauter Dingen, die alle noch zu erlösen sind, nicht vergessen solltest zu erkennen, dass es auch eine Ebene gibt, die sagt, alles ist vollkommen, alles ist heil. Und dass du darüber nicht vergessen solltest, dass du selbst ein wundervolles Leben hast, das von dir bewusst gelebt werden möchte.

Die Anregungen, die ich dir generell in diesem Buch gebe, kannst du natürlich sowohl als Elternteil, als Großmutter, als Kindergartentante, als Lehrer, als Therapeut etc. anwenden.

Jona und Rowena zum Beispiel gingen und gehen immer gern in ihre Spielgruppe und jetzt in den Kindergarten. Was mir dabei wichtig erschien war, ihnen das Gefühl zu vermitteln, dass sie nicht **müssen**. Wenn es ihnen nicht gefällt, dann können sie jederzeit zu Hause bleiben. Obwohl sie durch meine bzw. unsere Arbeit immer in einem spirituellen Dunstkreis sind und für sie vieles, – wie zum Beispiel, dass ich mich mit Feen und Elfen unterhalte – ganz normal ist, bringen sie über die Verbindung mit dem Morphogenetischen Feld und über den Kontakt zur „Außenwelt" ganz übliche Themen mit. Sie finden es plötzlich Klasse, dass ein Stück Holz ein Gewehr sein kann oder finden plötzlich alles Sch...., um dieses Wort hier nicht auszuschreiben. (Smile.) Das ist für mich auch immer ein Lernfeld der Gelassenheit, hier nicht in die Wertung zu gehen, denn das würde bei Rowena und Jona den Reiz erhöhen, sondern dieses Verhalten einfach sein zu lassen. Dann ist es für die Kinder auch nicht mehr so interessant und sie hören von selbst wieder damit auf. Auch in diesem Zusammenhang ist es wichtiger, die Gelassenheit vorzuleben, als darüber zu diskutieren, und damit wären wir wieder bei der Authentizität.

Mir ist Sprache beispielsweise sehr wichtig, das heißt, ich mag es, wenn wer annähernd verständlich spricht (das ist ein persönliche Wertung, ich weiß...).

Ich lebe in einem Land, in dem es sehr ausgeprägte Dialekte gibt, so dass manchmal ein Bewohner aus einem Tal den aus einem anderen nicht versteht. Mir war es immer wichtig, dass meine Kinder eine halbwegs verständliche Aussprache entwickeln. Durch den Kontakt mit anderen Menschen schlichen sich wunderbar deftige Dialektwörter ein, und Rowena liebte es, diese zu verwenden, denn mein Aurafeld verfärbte und veränderte sich jedes Mal wie bei einem „Schock", wenn sie diese Worte genussvoll aussprach. Und je mehr mein Aurafeld und auch mein physischer Körper sich dabei verkrampften, umso interessanter wurde es für Rowena, diese Ausdrücke mit der entsprechenden Betonung möglichst oft anzuwenden. Es war für mich ein großes Übungsfeld, so weit zu werden, dass die Schwingung der Worte durch mein Sein fließen konnte, ohne dass ich dabei in Resonanz ging. Ich ging somit nicht länger auf das Spiel ein, und siehe da, Rowena verlor den Spaß an der Sache und die Worte verschwanden aus ihrem Sprachgebrauch. Das ist ein Übungsfeld, das beim Zusammenleben mit Kindern wohl noch häufiger vorkommen wird.

Liebe Freunde und Bekannte von mir begegneten auf einer Reise nach Irland der „Durchwink-Elfe“. Immer wenn sie feststellten, dass sie sich genervt fühlten oder sich über etwas zu ärgern begannen, riefen sie die besagte Elfe. Diese nahm die Energie der Situation gleich mit; die Sache war erledigt, und es gab keinen weiteren Grund, sich damit auch nur in irgendeiner Form zu beschäftigen.

Diese Wesenheit zu rufen kann ich dir im Umgang mit deinen Kindern bzw. generell auch für andere Bereiche deines Lebens nur wärmstens empfehlen!

☆☆☆☆☆

In der Schule

Wie die geistige Welt bereits im ersten Buch über die Kinder der Neuen Zeit gesagt hat, ist es nicht so wichtig, **wie** sich die Schule nennt, also ob es eine Regelschule oder eine Privatinitiative ist, sondern vielmehr hängt es von den Menschen ab, die dort arbeiten, ob es für das Kind die stimmigste Wahl ist oder nicht.

So ist auch hier das Gespräch mit dem Wesen der Liebe sehr hilfreich, ebenso wie mit dem Wesen der Liebe deines Kindes zu sprechen und zu hören, was es sagt, und natürlich auch dreidimensional die Meinung deines Kindes in die gemeinsame Entscheidung der „richtigen" Schulwahl mit einzubeziehen.

Ein weiterer wichtiger Schritt ist, deine eigenen Schulängste gelöst zu haben, und ein guter Kontakt zu deinem Inneren Kind, denn viele Schulprobleme, die ein Kind hat, sind Projektionen und Wiederholungen der Eltern. Würden diese ihre eigene Kindheit aufgearbeitet haben, dann hätte auch das Kind die Möglichkeit, Schule auf eigene Art und Weise zu erfahren und wäre nicht geprägt durch die emotionalen Vorbelastungen der Eltern.

Über den Kontakt zum Inneren Kind möchte ich hier nicht mehr sagen, dazu gibt es genügend Literatur. Der Kontakt zum Inneren Kind und die Aufarbeitung der Kindheit sind natürlich auch für Lehrer und andere Betreuungspersonen letztlich die Voraussetzung, um den Kindern „neutral" begegnen zu können. In vielen Gesprächen mit Eltern habe ich immer wieder den Eindruck gewonnen, als würden sie Lehrer beispielsweise grundsätzlich zu einer Spezies zählen, der man mit Misstrauen begegnen sollte, weil sie selten auf der gleichen Seite zu stehen scheinen. Wenn du dieses Empfinden gegenüber Lehrpersonen deines Kindes auch haben solltest, könntest du zum Beispiel beginnen, hier deine Visualisationskraft zu nutzen. Erlaube dir, dich in diesem Fall daran zu erinnern, dass jeder Mensch sein Bestes gibt, so wie es ihm im Moment aufgrund seines Seins möglich ist. Erlaube dir, dem Lehrer deines Kindes grundsätzlich wohlwollend zu begegnen, selbst wenn er dir nicht so sehr sympathisch sein sollte Versuche dann, bevor du ihn triffst, in dein Herz zu atmen und goldenes Licht des Einverstandenseins zu seinem Herzen fließen zu lassen. Dadurch werden Gespräche konstruktiver und friedlicher, denn durch das goldene Licht zeigst du ihm, dass du seine Göttlichkeit anerkennst. Das gleiche kann auch ein Lehrer mit den Eltern eines Schülers machen, wenn er merkt, dass diese sehr verhärtet sind und es schwierig ist, einen Zugang zu ihnen zu finden, der für eine gemeinsame Zusammenarbeit wichtig wäre.

Ebenso unterstützt dich die Einheit mit dem Wesen der Liebe, das du bist, zu erkennen, warum ein Lehrer oder eine Mutter oder ein Vater so oder so reagiert. Durch das daraus entstehende Mitgefühl wird sich dein Verhalten zu dem betreffenden Menschen so verändern, dass auch auf diese Art Frieden geschlossen werden kann, um miteinander die Energien konstruktiv zu nutzen. Ebenso kannst du das Klassenzimmer oder die ganze Schule energetisch so unterstützen, dass beide zu einem Ort der Kraft werden.

Im ersten Buch „Die Kinder der Neuen Zeit“ habe ich über Lichtsäulen geschrieben, die errichtet werden können, um einen Raum beispielsweise die Schwingung von Liebe oder Heilung zur Verfügung zu stellen und somit allen Wesen, die darin ein und ausgehen. Dass du auch Engel, wie zum Beispiel einen Engel des Friedens, oder Feen und Elfen für mehr Freude am Lernen einladen kannst, mit dir oder deinen Kindern oder deinen Kollegen in der Schule zu sein, weißt du ja vielleicht auch schon.

Im Kapitel über Kristalle werde ich dir zwei Möglichkeiten nennen, wie du ein Kraftfeld errichten und dieses mit einer speziellen Programmierung füllen kannst. In Vorbereitung darauf möchte ich dir schon einmal einige Anregungen mitgeben.

Wenn du also ein Kraftfeld in deinem Klassenzimmer oder um deine Schule errichten möchtest und das Wesen der Liebe, das du bist, dieses auch für eine „gute“ Idee hält, gibst du, während du die Kristalle aufstellst, die gewünschten Informationen mit hinein. Du könntest beispielsweise sagen:

„Ich lade die Engel der Harmonie ein, den Menschen, die hier ein und ausgehen, zur Seite zu stehen, damit sie ihre Herzen öffnen, um sich in Liebe, Anerkennung und Respekt begegnen zu können, zum Wohle des gesamten Universums. Vielen Dank!“

☆☆☆

Weitere Themen könnten sein:

- Die Förderung der Konzentration der Schüler bei der Aufnahme eines neuen Stoffes, damit dieser leicht verständlich ist und integriert werden kann;
- die Erweiterung der Fähigkeit der Lehrer, sich klar, interessant und für alle Schüler leicht nachvollziehbar auszudrücken und ihren Lehrstoff in diesem Sinne vermitteln zu können;
- die Steigerung des Teamgeistes und der konstruktiven Zusammenarbeit zwischen Lehrern, Schülern und Eltern;
- die Förderung der Freiheit, der Anerkennung der Andersartigkeit und die Freude am (gemeinsamen) Sein;
- die Hilfestellung für die Auflösung von Ängsten vor Prüfungen, vor dem Versagen und Leistungsdruck;
- die Förderung von Erkenntnis, dass alle Menschen eine Familie auf dieser Erde und gleichwertig sind;
- u. v. m.

Ob du für deine Programmierungen und die Umsetzung deines Wunsches Engel, Naturwesen, Aufgestiegenen Meister oder andere feinstoffliche Begleiter um Unterstützung bittest, hängt von deiner persönlichen Vorliebe ab; hier kannst du frei wählen. Manches Mal ist es sehr hilfreich für alle Menschen, die in einer Schule sind, dort lernen und lehren, diese und auch ähnliche Einrichtungen zu reinigen und immer wieder durchzuklären. Darauf werde ich im folgenden Kapitel noch näher eingehen.

Wenn du beispielsweise Kraftfelder errichtest, ist die Energie, die du einlädst, immer als Angebot für alle Wesen zu verstehen. Jeder kann sich davon nehmen, so viel er möchte, und sich frei entscheiden, ob er überhaupt etwas davon annehmen will. Obwohl du niemanden dazu drängst, werden die Veränderungen dennoch sicht- und spürbar sein.

Ein Kraftfeld ist eigentlich nichts anderes als ein Symbol für dich selbst. Durch die Programmierung eines solchen veränderst du deine Ausrichtung. Du setzt ein äußeres Zeichen für eine innere Erweiterung. Wenn du dir erlaubst, ein Kraftfeld mit einem geöffneten Herzen zu errichten, wirst du fühlen, wie du selbst in diesem Moment zu **einem** Kraftfeld wirst, und darum geht es dabei. Die Begegnungen im Außen werden dann die Antworten auf deine innere Wandlung sein. So machst du aus bereits bestehenden Schulen und anderen Einrichtungen Orte der Neuen Zeit, die dieser Schritt für Schritt angepasst werden.

☆☆☆☆☆

Körper und Räume reinigen

Falls du nun bemerkt haben solltest, dass in deinem System noch ein Thema, zum Beispiel aus deiner Schulzeit, zu bearbeiten ist, hast du verschiedene Möglichkeiten, dieses zu tun.

Eine Form ist die Selbstreinigung bzw. Selbstklärung. Das kannst du dir ungefähr so vorstellen, als würdest du dich wieder auf einen Fokus ausrichten, als wären die Energien durcheinandergewirbelt worden. Jetzt ist es unruhig, chaotisch und verknotet in deinem Sein, und nun glättest du wieder und streichelst und harmonisierst deine Körper. Dazu ist es am einfachsten, wenn du dich mit dem Wesen der Liebe, das du bist, verbindest. In der Folge soll dieses Wesen eine Energie, eine Farbe, einen Engel einladen, der ihm vertraut ist und der dir bei der jeweiligen Thematik zur Seite stehen kann. Gemeinsam mit diesem Wesen oder den Energien, die du gerufen hast, fließt du nun durch deine Körper oder Chakren, um das entsprechende Thema, die Belastungen, die verengenden Erfahrungen zu lösen, in den Fluss zu bringen etc. Bitte darum, dass für die Schwere, von der du dich verabschieden möchtest, vielleicht Leichtigkeit Raum nimmt, statt Trauer, Freude usw. Wenn du spürst, dass es genug ist, bedanke dich bei der Energie, entlasse sie wieder und kehre als Wesen der Liebe, das du bist, ins Hier und Jetzt zurück.

Die Übung kannst du wiederholen, sooft du möchtest, und es kann sein, dass du ein Thema auf diese Art mehrmals behandeln darfst, wenn es zum Beispiel viele verschiedene Facetten aufweist und von dir oft gespielt wurde.

Wenn du eine neue Wohnung beziehst, ein Kinderzimmer einrichtest, eine Spielgruppe gründest, oder dein Kind in einen Kindergarten oder in eine Schule kommt, wo du das Gefühl hast, dass es gut wäre, den Raum einmal richtig durchzureinigen, hast du im Folgenden eine Anregung dafür.

Vorausschicken möchte ich, dass es auch bei der Reinigung von Räumen darum geht, nicht in der Wertung zu sein und auch hier zu erkennen, dass es keine Trennung zwischen dir und dem Raum gibt, den du reinigst. Somit klärst du dich selbst von Energien der Vergangenheit bzw. von überholten Glaubenssätzen.

Der erste Schritt ist wieder die Verbindung zu dem Wesen der Liebe, deinem Hohen Selbst, und dann lasse dich leiten. In dieser Einheit mit deiner göttlichen Natur kann es durchaus sein, dass du einen Impuls erhältst, der dir sagt, dass es jetzt nicht an der Zeit oder generell nicht deine Aufgabe ist, etwas in diesem Raum zu tun. Dann bedankst du dich bitte für die Information, lässt Liebe, Licht oder Segen aus deinem Herzen zu dem Ort, den du klären wolltest, fließen und zentrierst und erdest dich auf eine dir vertraute Art und Weise.

Wenn es in Ordnung ist, kannst du jetzt dein Wirken der Reinigung fortsetzen. Meistens ist es, um ein Haus zu klären, nicht erforderlich, physisch dort anwesend sein. Es kann deine Arbeit mitunter aber erleichtern, und empfehlen würde ich dir auch, es mit anderen Menschen gemeinsam zu tun, doch darüber möchte ich im Kapitel „Lichtkreise bilden“ noch mehr erzählen.

Warum kann es wichtig sein, Räume zu klären?

Das hängt beispielsweise mit der Geschichte eines Ortes zusammen. Angenommen, ein Haus steht jetzt auf einem Grundstück, das früher dazu benutzt wurde, um Recht zu sprechen. Je nachdem, ob dieses in Liebe und Weisheit geschah, oder ob es häufig missbraucht wurde, schwingt die entsprechende Energie bis in die heutige Zeit weiter. Alle späteren Erfahrungen, die Menschen an diesem Ort gemacht haben, sind dort immer noch präsent. Nun steht vielleicht dort das Wohnhaus, in dem du jetzt lebst. Das, was du denkst, fühlst und tust, nährt den Platz weiter. Die Menschen, die das Haus erbaut und vor dir bereits in deiner Wohnung gelebt haben, hinterließen ebenso ihre Spuren. Je nachdem, welche Energien sich im Laufe der Zeit dort angesammelt haben, wirst du dich an einem Ort wohl fühlen und an einem anderen nicht.

Nehmen wir einmal an, dass ein früheres Kloster in eine Schule umgewandelt wurde, die nun dein Sohn besucht. Kannst du dir vorstellen, was dort vielleicht noch alles mitschwingt? Das könnten beispielsweise Schwingungen der Askese sein, der Keuschheit, der Strenge, der Armut, der klaren Bewertung, was „gut“ und „böse“ ist, des Verzichts, der Selbstaufopferung und Selbstkasteiung. Diese Energien wirken dann auf die Menschen, die heute dort unterrichten und zur Schule gehen und werden wiederum durch deren Emotionen, Gedanken und Handlungen genährt. So fällt es Lehrern und Schülern schwer, neue Wege zu gehen. Kein Wunder, wenn sich Lehrer in solch einer Gefühlsdichte überfordert fühlen und Kinder keine Lust mehr verspüren, in die Schule zu gehen.

Es könnte sogar sein, dass das Wesen des Begründers dieser Schule, der vielleicht auch lange Zeit Direktor gewesen ist, immer noch als erdgebundene Seele dort wirkt und versucht, seinen Einfluss nach wie vor geltend zu machen. In so einem Fall wäre es wahrscheinlich höchste Zeit, diese Seele von jemandem, der entsprechend geschult ist, ins Licht begleiten zu lassen.

Bevor ich dir eine Möglichkeit nenne, wie du Räume, Häuser, Institutionen oder auch ganze Städte von überholten Energien befreien kannst, nenne ich dir noch ein weiteres Beispiel, damit dir das Zusammenspiel von Energien noch deutlicher wird. Es gibt Essen, das uns schmeckt, das uns gut tut, und solches, das uns schwer im Magen liegt. Unabhängig davon, was es ist, wo es gewachsen ist und welche Qualität es hat, sind auch die Energien der Menschen, die es gepflanzt, gezüchtet, geerntet, verarbeitet, gekocht und serviert haben, darin enthalten, – genauso wie unsere Einstellungen, unsere Gedanken und wiederum Gefühle, die wir während des Kaufs, der Bestellung und des Essens haben, auf die Verträglichkeit wirken. Deshalb ist es ratsam, dich vor dem Verzehr deiner Speisen auf die Freude auszurichten und die Nahrung bewusst zu genießen. Du kannst dich beispielsweise vorher mit dem Wesen der Liebe, das du bist, verbinden und deine Nahrung segnen, mit Liebe, mit Licht, und so würdest du all das, was ich erwähnt habe „neutralisieren". Probiere es einfach einmal aus, und du wirst sehen, dass es viel weniger Verdauungsprobleme, in welcher Form auch immer, geben wird.

Doch nun kehren wir zu dem Beispiel mit der Schule zurück. Was kannst du also konkret tun? Auch hier empfehle ich dir als ersten Schritt, dich mit dem Wesen der Liebe zu vereinen, das du bist. So kannst du einen Raum mit seinen Augen betrachten und klar erkennen, was zu tun bzw. eventuell, wie schon erwähnt, nicht zu tun ist. Bitte, auch hier ist deine Wahrnehmung durch den Filter deiner womöglich noch nicht geheilten Erfahrungen geprägt. Das heißt, wenn du deine eigene frühere Schulangst noch nicht verarbeitet hast, wirst du in jedem Schulraum automatisch in die Ebene der Angst hineinrutschen, diese sehen und glauben, dass das die Aufgabe sein wird, diese zu lösen, egal ob sie präsent ist oder nicht. Deshalb ist es wichtig, dass du das nur betrachtest, wenn du dich auch hier selbst so weit zurücknehmen kannst, dass du außerhalb einer Bewertung bist. Das ist auch eine Übung, die leichter und leichter wird, je häufiger du sie praktizierst. Sonst bittest du jemand anderen bzw. machst du diese Anregungen in einer Gruppe (siehe nächstes Kapitel über Lichtkreise), damit deine Wahrnehmungen relativiert werden können.

Um zu reinigen, hast du, wie schon gesagt, mehrere Möglichkeiten. Wenn es nur leichte, energetische Belastungen sind, weil an diesem Ort nichts Besonderes war oder schon einige Reinigungsrituale durchgeführt wurden, kann es sein, dass es ausreicht, den Raum dreidimensional zu räuchern, was natürlich in einem öffentlichen Gebäude mitunter zu Schwierigkeiten führen könnte. Du kannst aber auch über die Einheit mit dem Wesen der Liebe, das du bist, Erzengel Gabriel oder die Meisterenergie Serapis Bey einladen und sie bitten, durch die Räume zu wirbeln, bis diese erfüllt von Klarheit und vielleicht Liebe sind. Dann bedankst du dich, entlässt die Energien und schließt die Meditation wie üblich für dich ab.

Eine weitere, sehr wirksame Übung, die ich persönlich häufig praktizierte ist, „Das Dreifachgitternetz" aus der Zeitschrift *Der Lichtkörper*. Antan bezieht für die Reinigung von Räumen beispielsweise sein Wissen über Kristalle mit ein. Suche dir einfach das aus, was dich anspricht und dir gefällt. Hilfreich ist es, sich vorzustellen, dass du davon ausgehen kannst, dass auch ein Raum, ein Haus, eine Stadt Chakren und Energie hat.

Bevor du mit der Reinigung beginnst, machst du es dir bitte bequem, egal ob du vor Ort wirkst oder aus der Entfernung. Entspanne dich bitte auf deine eigene Art und Weise. Sei in der Einheit mit der Erde und mit dem Wesen der Liebe, das du bist. Auch in diesem Fall kannst du Energien, Engel oder Meister, die dich begleiten sollen und die dir vertraut sind, einladen und um ihre Unterstützung bitten. Dann stell dir mit deinem inneren Auge, wenn du nicht direkt vor Ort bist, den Raum, das Haus etc. vor, das du nun klären möchtest. Mit dem nächsten Atemzug und mit einem zielgerichteten mentalen Gedanken gehe nun auf die Ebene des Basiszentrums dieses Raumes. Bitte deine eingeladenen Helfer, dort zu durchlichten, zu klären,

Heilung zu bringen und Harmonie und Liebe auf dieser Ebene wieder zu errichten. Wenn du fühlst, siehst oder weißt, dass das Basischakra wieder leuchtet und strahlt, dann bist du fertig und löst dich von dem Wurzelchakra.

Mit dem nächsten tiefen Atemzug verbindest du dich jetzt mit der Ebene des zweiten Chakras, und hier vollziehst du den gleichen Weg. Und so machst du weiter, bis du schließlich das violette Kronenchakra zum Leuchten gebracht hast. Zum Abschluss kannst du noch einmal alle Chakren mit goldenem Licht fluten. Du bedankst dich bei den Energien und auch bei dem Haus bzw. dem Raum, den du geklärt hast, und entlässt alles wieder aus deinem System, aus deiner Vorstellung, zentrierst und erdest dich und kehrst ins Hier und Jetzt zurück.

Während deines Wirkens kann es sein, dass du Gefühle, Bilder oder andere Formen der Wahrnehmung hast. Doch es ist für die Wirksamkeit deines Tuns nicht von Bedeutung und für dich wichtig, immer wieder darauf zu achten, in deiner Klarheit, Ausrichtung und Neutralität zu bleiben. Wie oft du das machen möchtest bzw. sollst, ist intuitiv unterschiedlich. Wenn dir die Vorstellung, dass ein Gebäude, ein Zimmer Körper hat anstatt Chakren lieber ist, dann wäre der oben beschriebene Ablauf ähnlich. Du gehst dann mit deiner Aufmerksamkeit nicht auf die Ebene des Basischakras, sondern du stellst dir vier Lichthüllen um das Haus vor. Jede repräsentiert einen Körper. (Auch hier weiß ich, dass es unterschiedliche Modelle gibt und die Anzahl der Körperzuordnungen variiert. In der Praxis reicht es aber vollkommen aus, mit vier Körpern zu arbeiten.) Du verbindest dich nun mit einem zielgerichteten Gedanken mit der innersten Lichthülle. Diese steht für den physischen Körper. Mit Hilfe deiner feinstofflichen Freunde lässt du ihn nun wieder erstrahlen und leuchten.

Dann wiederholst du den Vorgang mit dem zweiten, dritten und vierten Lichtmantel, die für den emotionalen, mentalen und spirituellen Körper stehen. Abschließend kannst du auch alle Körperebenen noch einmal mit goldenem Licht fluten. Dann bedankst du dich wieder, entlässt die Energien und kehrst auf die übliche Art und Weise ins Hier und Jetzt zurück.

Ganz allgemein möchte ich zum Thema Reinigen noch folgendes sagen: Wie ich bereits an einer anderen Stelle erwähnte, ist die Zeit, in der es um Übungen geht, im Auslaufen begriffen. So wird es auch sehr bald nicht mehr erforderlich sein, Räume zu klären und Anregungen, wie oben beschrieben, umzusetzen. Doch für viele von uns kann es immer noch hilfreich sein, ab und an einer Meditation in dieser Form zu folgen, um dadurch die Kraft des eigenen Mitschöpfertums leichter zu entdecken. Deshalb war es mir wichtig, dieses Kapitel mit dir zu teilen.

☆☆☆☆☆

Einen Lichtkreis bilden

Wir Menschen sind von Natur aus „Gemeinschaftswesen“ und die Versingelung unserer Gesellschaft entspricht nicht unserem Naturell. Und Familie ist dort, wo wir uns wohlfühlen, wie ein weiser Spruch aussagt.

Du weißt sicher selbst, wie gut es tut, sich mit anderen Menschen auszutauschen und wie nährend der Kontakt zu Gleichgesinnten ist. Deshalb möchte ich dich an dieser Stelle erneut auffordern, deine Augen und dein Herz offen zu halten. Bestimmt gibt es in deiner Nähe bereits einen Kreis von Menschen, die sich über Spiritualität austauschen. Falls nicht, dann gibt es sicher genügend Menschen in der näheren Umgebung, die mindestens die gleiche Sehnsucht danach haben wie du vielleicht auch. In diesem Fall erlaube dir, gemeinsam mit ihnen einen Lichtkreis zu gründen. Bei einem Lichtkreis gibt es keinen Leiter. Jeder ist gleichberechtigt und gleich wichtig. Die Anliegen werden gesammelt, und dann wird entschieden, was heute gemacht wird und wer die Führung für den heutigen Abend übernehmen möchte.

Selbst wenn sich „nur“ zwei Menschen treffen können oder möchten, kann man wunderbar einen Lichtkreis bilden. Zu Beginn vereint sich jeder für sich am besten wieder mit dem Wesen der Liebe, das er ist. Dann könntet ihr euch vorstellen, wie sich eure Liebeswesen an den Händen nehmen und so einen Kreis aus Licht bilden. Durch diese Ausrichtung auf das Wesen der Liebe, das ihr seid, werdet ihr die folgende Energiearbeit als Ausdruck der

Quelle allen Seins durchführen. Wenn ihr möchtet, ladet in den Kreis, den ihr gebildet habt, Engel oder andere feinstoffliche Begleiter, ein, euch zu unterstützen. Gemeinsam sprecht ihr nun eure Gebete, Segnungen, übergebt eure Bitten an die geistige Welt, und, und, und. Jeder so, wie er es am besten kann. Dadurch könnt ihr euch gegenseitig bei der Suche nach einer Wohnung oder einem neuen Arbeitsplatz behilflich sein, ebenso wie ihr gemeinsam betrachten könnt, warum es einem Kind im Moment nicht so gut geht und was es für eine Lösung dafür gibt. Der Lichtkreis, den ihr gebildet habt, könnte nun eine Schule reinigen, dort Lichtsäulen aufstellen oder sich auf ein bestimmtes Thema, beispielsweise die Heilung der eigenen Stadt, fokussieren.

Im Lichtgarten, unserem Seminarzentrum in Innsbruck, hatten wir eine Weile einen Lichtkreis, der sehr viel Heilungsarbeit für unsere Stadt machte. Wir reinigten zum Beispiel regelmäßig unsere Krankenhäuser und gingen immer wieder systematisch Stadtteile und Straßenzüge durch auf die im vorigen Kapitel angeführte Art und Weise. Wir klärten dabei immer wieder die Chakren- und Körperebenen der Einrichtungen, der Stadt bzw. des Stadtteils mit Hilfe von Engelenergien.

So erhielten wir zum Beispiel vor längerer Zeit schon einen Auftrag der geistigen Welt, uns in unserem Lichtkreis und in anderen Meditationsgruppen um das Thema „Kindesmissbrauch in Tirol“ zu kümmern. Einige Monate beschäftigten wir uns damit, indem wir bei jedem Treffen einen anderen Aspekt betrachteten, den wir durchlichteten.

Beispielsweise standen einmal die Kinder im Vordergrund, ein anderes Mal die Institutionen, die mit dem Thema in Berührung standen, ein weiteres Mal die „Täter“, wieder ein anderes Mal die Unterstützung für Aussöhnung von Licht und Schatten in jedem Menschen. Ein weiteres Mal widmeten wir uns ganz dem morphogenetischen Feld und dessen Veränderung im Hinblick auf das genannte Thema.

Falls du und dein Lichtkreis sich für eine ähnliche Thematik entscheiden, ist es mir auch an dieser Stelle wieder ein Anliegen, dich darum zu bitten, nicht in der Wertung zu sein, denn auch der Täter ist gleichzeitig ein Opfer und benötigt Hilfe. Dementsprechend sollten eure Formulierungen sein. Wenn du bemerkst, dass dich ein Thema emotional zu sehr berührt, wäre es sinnvoll, an diesen Meditationen der Heilung nicht mitzuwirken, bis du deine „Neutralität“ wiedergefunden hast.

Lichtkreise bewirken eine Veränderung des kollektiven Bewusstseins, das heißt, sie unterstützen somit, dass die Energie der Neuen Zeit in der Materie, in unserem Alltag sichtbar wird. Sie fördern die Vereinigung von Geist und Materie, von Theorie und Praxis. So bin ich mir zum Beispiel ganz sicher, dass es bald eine Zeit geben wird, in der das Thema Missbrauch in keiner Form mehr stattfinden wird. Das ist meine Hoffnung, meine Vision und meine innere Gewissheit.

Im Lichtgarten ist es jetzt so, dass es mittlerweile so viele unterschiedliche Meditationsgruppen gibt, dass wir diese Aufgabe abgegeben haben. Auch ein Lichtkreis soll und kann sich weiter entwickeln. Das hängt von der Bereitschaft der einzelnen Menschen ab, in wie weit sie an sich selbst Veränderung und Wachstum erlauben. So ist auch ein Lichtkreis nichts Starres, sondern ein fließender Ort der Begegnung, an dem jeder willkommen ist und jeder so sein darf, wie er ist.

Gut, also ein Lichtkreis kann dich unterstützen, wenn du etwas für dich, deine Kinder, deine Partner, deine Familien, deine Schule, deinen Arbeitsplatz, deine Stadt etc. „brauchst“. Für mich persönlich ist die Aufgabe eines Lichtkreises, sich nicht nur um individuelle Anliegen zu kümmern, sondern auch um kollektive. Weiterhin ist es für mich wichtig, dass die Motivation des Lichtkreises bzw. der einzelnen Menschen dabei nicht aus einem „Ich-will-verändern, weil ich weiß, was für den anderen gut ist“, entstehen sollte. Vielmehr geht es darum, als Wesen der Liebe, das du bist, als Teil des großen Ganzen zu erfahren, dem Fluss zu folgen, der dich führt, um dort zu sein und dorthin zu kommen, wo du sein und hin sollst, laut deiner Seele. Es ist immer wieder schwierig, in Worte zu fassen, was ich meine. Das kannst du nur erfahren – also probiere es einfach aus - du wirst verstehen.

☆☆☆☆☆

Ein- und durchschlafen

Es gibt viele Möglichkeiten, warum es jemandem schwer fallen kann, ein- oder durchzuschlafen.

In diesem Kapitel möchte ich dir einige davon nennen, damit sie dich anregen, eine Lösung dafür zu finden, falls es ein Thema für dich und dein Kind sein sollte.

Zuerst einmal kannst du die Wahl des Schlafplatzes betrachten. Du kannst es Feng Shui mäßig oder intuitiv oder über einen empfohlenen Rutengeher etc. abklären. Du kannst den Schlafplatz durch ein Kraftfeld, das du mit leichtem Einschlafen, ruhigem und erholsamem Schlaf und klarem einfachen Erwachen am nächsten Morgen programmierst, umgeben. Du kannst dort eine Lichtsäule aufstellen mit der gleichen Programmierung. Du kannst Engelkräfte einladen, um das Bett ihre Energien aufzubauen, damit dein Kind oder du gut schlafen kannst. Mit Engeln kannst du beispielsweise auch Energien im Schlafzimmer ausgleichen, wenn es aufgrund der räumlichen Situation nicht möglich sein sollte das Bett zu verstellen, obwohl dieses empfohlen wird.

Außerdem gibt es mittlerweile schon verschiedene Symbole, mit denen du einen Schlafplatz bei Bedarf ebenfalls neutralisieren kannst, zum Beispiel bei Erdstrahlungen, so dass er dennoch zu einem erholsamen Ort für dich oder dein Kind wird. Zusätzlich zu den allgemein gültigen Empfehlungen ist es sinnvoll, für einen optimalen Schlafplatz deine individuellen Bedürfnisse mit einzubeziehen.

Eine weitere Unterstützung für ein leichtes Ein- und

Durchschlafen sind klare abendliche Rituale und Strukturen, die immer gleich sind. Das ist eine Orientierung für das Kind und bringt so mitunter oft viel häuslichen Frieden mit sich.

Eine weitere Möglichkeit, warum einem Kind das Einschlafen schwer fallen könnte, ist, dass es sich womöglich im Dunkeln fürchtet, da es verschiedene Energien wahrnimmt.

Am Abend wird unser mentales Sein ruhiger und unsere Wahrnehmungskanäle werden verfeinert, klarer und offener. Vielleicht sind dann Energien, Wesen im Raum, die das Kind nicht einordnen, nicht übersetzen, nicht benennen kann und sich deshalb davor fürchtet.

In diesem Fall wäre es hilfreich, dir die Energie anzusehen, um zu erkennen, welche Form sie hat. Somit kann eine Lösung gefunden werden und dein Kind kann dann wunderbar ein- und durchschlafen.

Dabei kommt es häufig vor, dass es sich bei diesen Wesen um sogenannte erdegebundene Seelen handelt. Dann ist es sinnvoll, diese Wesen durch jemanden, der entsprechend geschult ist, ins Licht begleiten zu lassen. Es könnte aber auch sein, dass es ein kraftvoller Engel ist, der dein Kind „belebt“ und aktiviert und es so nicht zur Ruhe kommt. Es muss also nicht automatisch etwas „Unangenehmes“ sein. In so einem Fall wäre es möglich, den Engel zum Beispiel zu bitten, eine andere Form = Frequenz anzunehmen, oder ihn zu bitten, den Raum zu verlassen.

Was auch immer du wahrnimmst, es ist wichtig, mit deinem Kind darüber zu sprechen. Wenn du dich mit dem

Wesen der Liebe, das du bist, vereinst, kannst du wieder einmal mit seinen Augen sehen, und so wird es dir sehr schnell klar sein, um welches Wesen oder welche Energie es sich dabei handelt. Davon hängt dein weiteres Vorgehen ab. Wenn du dann den Impuls erhältst, den Raum zu reinigen, tue dieses bitte auf eine dir vertraute Art und Weise. Wenn es wichtig sein sollte, mit der Energie zu kommunizieren, tue dieses bitte als Wesen der Liebe, das du bist, in Achtung, Respekt und Klarheit. Falls du unsicher sein solltest, dann bitte jemanden, dich diesbezüglich zu unterstützen. Das kann ein feinstofflicher Freund sein, aber auch ein anderer Mensch.

Ein- oder Durchschlafschwierigkeiten deines Kindes könnten auch auf eine emotionale Ursache hinweisen. Vielleicht hat es die Energie (zum Beispiel eine bekannte oder unbekannte Angst, Stress, eine unterdrückte Wut oder aber auch eine große Vorfreude auf ein bevorstehendes Ereignis) eines Elternteils oder eines nahestehenden Menschen übernommen, was zu einer Unruhe im kindlichen System geführt hat, sodass es nicht mehr schlafen kann. Ähnliches kann geschehen, wenn beispielsweise die Mutter, der Vater, ein Mensch, der eine sehr starke energetische Verbindung zu dem Kind hat, im Laufe des Tages oder, generell, ungefiltert eine Menge unterschiedlicher Energien aufnimmt und diese auf das Kind überträgt. Vielleicht liebt es die Mutter, sich am Abend einen „Gruselfilm" (dazu zähle ich auch die täglichen Nachrichten über aktuelles Geschehen in der Welt!) anzusehen. Damit möchte ich nicht sagen, dass du nicht mehr fernsehen solltest. Das ist deine Entscheidung, doch wenn du es tust, dann würde ich dir empfehlen, es bewusst zu machen. Du kannst dich auch dabei mit dem Wesen der Liebe vereinen und aus deinem Herzen goldenes Licht fließen lassen, in das du deinen Fernseher einhüllst. Dadurch „neutralisierst“ du seine Energien, Bilder, Wellen, Informationen etc., das heißt, sie breiten sich nicht in deinem Zimmer aus und auch nicht in deinem System, und so übertragen sie sich nicht auf dein Kind.

Weitere Gründe für die Ein- und Durchschlafschwierigkeiten deines Kindes könnte Angst vor dem Verlassenwerden sein, – entweder aufgrund einer früheren Inkarnationserfahrung deines Kindes oder aber auch, weil die Mutter zum Beispiel am Abend vielleicht selbst müde ist und sich energetisch vom Kind zurückzieht, um sich zu erholen. Das Kind versteht das aber nicht; es fühlt nur, dass die Mutter nicht mehr so anwesend ist, und das beunruhigt es. In diesem Fall wäre eine bewusste energetische Aussendung der Mutter hilfreich, die dem Kind signalisiert: Ich bin da, ich brauche im Moment nur ein bisschen Pause.

Weiterhin könnte es unterstützend sein, eine Kopie des chakrischen und aurischen Systems der Mutter in einen gereinigten Bergkristall zu programmieren und dem Kind ins Bett zu legen. Am Abend könnte sie mit einem zielgerichteten Gedanken den Kristall „aktivieren“, und das Kind würde über die Energie des Kristalls die Information bekommen, dass die Mutter bei ihm ist. So kann es ruhig schlafen.

Natürlich fällt es einem manchmal leichter, einzuschlafen, und ein anderes Mal ist es schwieriger. Von einer „Störung“ spricht man daher auch erst dann, wenn sich das Einschlafproblem über einen längeren Zeitraum, mindestens über eine Woche täglich, hinzieht.

Bei meinen Kindern war es mir immer wichtig, dass sie als Baby in meinen Bett schliefen; als sie größer wurden, übersiedelten sie in ihr eigenes Zimmer. Da schlafen sie jetzt auch wunderbar, wenngleich sie nach wie vor immer wieder total gern kuscheln kommen. Falls mir das einmal zu viel sein sollte, sage ich ihnen, dass ich jetzt einfach Raum für mich brauche. Das können sie dann meist auch ganz gut nehmen.

Letztendlich kann jeder nur für sich selbst bestimmen, wie er dieses gerne möchte. Wie du siehst, gibt es immer einen Grund, warum ein Kind schlecht schläft, und so kannst du diesen mitunter Schritt für Schritt ausfindig machen und eine Lösung finden.

☆☆☆☆☆

Für jeden Tag einen Engel

Bereits in meinem ersten Buch „Die Kinder der Neuen Zeit“ gibt es ein Kapitel über Engel mit einigen Anregungen darin, wie man zum Beispiel mit dem Schutzengel eines Ungeborenen kommunizieren kann. Ebenso wird eine einfache Übung beschrieben, wie der Kontakt zu Engeln gefördert wird und somit viele Situationen des Lebens bereichert.

Auf den folgenden Seiten möchte ich nun gerne weitere Möglichkeiten beschreiben, wie Engel in das alltägliche Sein mit einbezogen werden können. Doch zuerst werde ich noch allgemein ein bisschen über Engel erzählen.

Engel sind für mich Wesen der Liebe, deren Aufgabe es ist, den Menschen zu dienen. So warten sie direkt darauf, dass wir sie in unserem Leben willkommen heißen und ihnen konkrete Aufgaben und Aufträge übergeben. Während sie uns ihre Hilfe zur Verfügung stellen, möchten sie uns an das erinnern, was wir sind: göttliche Wesen.

Es gibt unterschiedliche Modelle, und je nachdem, mit welchem man arbeitet, gibt es eine unterschiedlich Anzahl von Engeln, die in verschiedene Hierarchien eingeteilt werden. Da alle Einteilungen letztendlich von uns Menschen geschaffen wurden, damit wir etwas besser verstehen und begreifen können, hast du nun die Freiheit, dir jene Engelanordnung bzw. jenes Engelspiel zu wählen, das dir am besten gefällt und dich am meisten anspricht. Es gibt mittlerweile so viele Bücher und Engelkarten, dass es sich lohnt, in eine spirituell gut sortierte Buchhandlung zu gehen und dort zu schmökern, bis du das für dich Passende gefunden hast.

Einige der Engel, die ich gerne für mich oder meine Kinder einlade, stelle ich dir hier kurz vor, damit dir der Zugang zu diesem Reich erleichtert wird.

- ***Dein Schutzengel***

  Jeder Mensch wird von seinem Schutzengel durch das Leben begleitet. Wie sein Name schon sagt, ist es seine Aufgabe, den Menschen Impulse zu geben, die der Betreffende mitunter wie eine innere Stimme oder eine intuitive Eingebung wahrnehmen kann. Es gibt zahlreiche Beispiele dafür, wie Menschen, ohne im Vorfeld genau zu wissen, warum und weshalb, kurzfristig ihre Pläne änderten und sie so vor dem Tod gerettet wurde. Doch der Schutzengel begleitet dich auch in deinem Alltag, wo es nicht immer um so dramatische Begegnungen mit ihm geht, sondern vielleicht nur darum, einen Parkplatz zu finden, was er unterstützt.

  Ich habe zum Beispiel sowohl meine Matura als auch meine Führerscheinprüfung durch die Mithilfe meines Schutzengels geschafft. Nicht nur, dass er sich beruhigend über mich „legte", er sorgte auch dafür, dass ich Fragen erhielt, die ich beantworten konnte und hatte sich mit den Schutzengeln meiner Prüfer verbunden, so dass diese mir alle wohlwollend begegneten. Dein Schutzengel steht dir mit Rat und Tat zur Seite. Manche Menschen geben ihm einen Namen bzw. fragen ihn während einer Meditation oder eines Gespräches, wie er genannt werden möchte. Auch wenn ein Mensch nicht an Engel glaubt, ist sein Schutzengel stets an seiner Seite, begleitet ihn und erfüllt seine Aufgabe.

- ***Dein Sonnenengel***

  Hier unterscheiden sich die Beschreibungen. Für mich ist es ein Engelbewusstsein, ein Engelsame, der in jedem Menschen ist. So könnte man sagen, dass jeder Mensch hier auch ein Engelkind bzw. ein Engel ist.

  Der Sonnenengel in dir erinnert dich an deine Herkunft, an dein wahres Licht. Er kann erweckt werden durch deinen tiefen Wunsch, und somit wirst du zu einem Engel auf Erden.

  Als ich vor Jahren den Sonnenengel in mir aktivierte, – nein, ich sage lieber: wach küsste, das gefällt mir besser –, hatte ich wirklich das Gefühl, als würden mir riesige große ätherische Flügel wachsen, und ich blickte immer wieder in Schaufensterscheiben in unserer Stadt, weil ich glaubte, dass man sie doch sehen müsste. Und über die Meditation von Solara, einer bekannten spirituellen Lehrerin aus Amerika, erhielt ich meinen Engel-Sternennamen, von dem Ava ein Teil davon ist. Wenn du dich also mit deinem Sonnenengel vertraut machen oder deinen Sternennamen hören möchtest, so kann ich dir nach wie vor Solaras Buch „Dein Sonnenengel und wie du ihn erweckst“ empfehlen.

- ***Der Engel der Liebe***

  Diesen Engel lade ich gerne ein, um zum Beispiel meine Kinder zu begleiten, in dem er sie wie eine Wolke aus rosafarbenen Licht –, mich erinnert es dann immer an Zuckerwatte (ich liebe sie!) –, umgibt und einhüllt. Er gibt ihnen das Gefühl, dass sie geliebt werden. Das ist ein wunderbarer Ausgleich, wenn ich zum Beispiel merke, dass ich ihnen gerade all das nicht geben kann, was sie im Moment vielleicht brauchen. Natürlich kannst du dich auch selbst in seiner Liebe baden und dich darin einhüllen, wenn du im Ungleichgewicht bist und die Liebe zu dir selbst gerade wieder einmal „ausbaufähig" ist. Du kannst ihn auch einladen, in Räumen (zum Beispiel im Wohn-, Schlaf- oder Klassenzimmer) sein Licht einstrahlen zu lassen, damit darin mehr Harmonie und ein liebevolleres Miteinander spürbar sind. Er unterstützt auch die Auflösung bereits vorhandener Spannungen und Konflikte.
- ***Der Engel der Nacht***

  Das ist ein Gute-Nacht-Engel, dem ich auf meinem essenitischen Weg begegnet bin. Er wird gerne am Abend vor dem Nachhause- oder Schlafengehen gerufen, um die Menschen auf ihrem Weg zu begleiten bzw. um für einen gesunden und erholsamen Schlaf mit süßen Träumen und für ein leichtes und sanftes Erwachen am nächsten Morgen zu sorgen.

- ***Der Engel der Fülle***

  Diesen Engel lade ich ein, ähnlich wie den Engel der Liebe, wenn es um emotionale Streicheleinheiten geht. Ich rufe ihn und bitte um Unterstützung, wenn ich das Gefühl habe, zu wenig Liebe, Aufmerksamkeit, Geld, Zeit etc. zu bekommen bzw. im Moment zu haben. Ich bitte ihn, meinen eigenen, immer wieder einmal auftauchenden Mangel bzw. meine Unzufriedenheit zu füllen, um ihn nicht auf meine Kinder zu übertragen. Wenn ich zum Beispiel auf Fragen von Rowena und Jona gereizt reagiere, weil ich eigentlich mit mir selbst unzufrieden bin, dann ist es Zeit, diesen Engel zu rufen.

  Er ist auch eine hilfreiche Unterstützung für Kindergruppen, damit das Gefühl des Ich-bekomme-zu-wenig oder Ich-komme-zu-kurz aufgelöst wird, damit wir alle mehr und mehr lernen können, dass für alle genug da ist. Er unterstützt auch Geschwister dabei, nicht in das Gefühl von Konkurrenz einzutauchen, und somit hilft er bei Eifersuchtsthemen, diese zu lösen.
- ***Der Engel der Freude und der Leichtigkeit***

  Dieser Engel hilft uns ganz allgemein, das Zusammenleben und das Hiersein auf dieser Erde freudiger und leichter zu erleben bzw. damit das einfach geschieht. Er hilft uns, dass wir nicht alles so ernst nehmen und Probleme nicht überbewerten und uns von ihnen nicht erdrücken lassen. Er lehrt uns, dass wir vielmehr die Aufmerksamkeit auf das legen, was bereits gut und kraftvoll ist, also vermehrt auf unsere Qualitäten und Stärken zu blicken.

- ***Der Engel der Geborgenheit***

  Diesen Engel lade ich gerne zusammen mit dem Engel der Liebe oder der Fülle ein. Auch er hilft uns und unseren Kindern, sich in ihrem Körper zu Hause zu fühlen bzw. er unterstützt Babys beim Landen auf dieser Erde. Wenn ein weiteres Geschwisterchen unterwegs ist, steht er den Kindern zur Seite, um sich wohl zu fühlen, damit jeder sich über die Geburt des neuen Erdenbürgers freuen kann. Er hilft auch Kindern, die zu wenig Aufmerksamkeit bekommen und daher aggressiv oder verhaltensauffällig reagieren, andere Formen des Ausdrucks zu finden und sich aufgehoben und angenommen zu fühlen.

- ***Der Engel der Harmonie***

  Diesen Engel rufe ich vor allen Dingen gerne, wenn es um den Ausgleich von Energien im Körper geht, zum Beispiel für die Heilung von Erkältungen. Und natürlich auch, um Räume und Orte zu harmonisieren.

- ***Der Engel der Gelassenheit***

  Dieser sollte meiner Meinung nach in dieser Aufzählung nicht fehlen und steht vor allen Dingen Eltern, Lehrern, Großeltern etc. in unendlicher Form zur Verfügung.

Die Liste wäre unbegrenzt fortzusetzen, und das kannst du auch gerne machen, wenn du möchtest, denn es gibt noch

- den Engel des Mutes,
- den Engel des Selbstvertrauens,
- den Engel der Zärtlichkeit,
- den Engel der Freiheit,
- den Engel der Selbstliebe,
- den Engel der Motivation,
- den Engel des Entzückens, und, und, und.

Jetzt möchte ich dir gerne noch ein paar Erzengel vorstellen, das sind sozusagen die Abteilungsleiter von den oben genannten Engeln, wobei auch hier die Zuordnungen von Farben, Elementen und Qualitäten in verschiedenen Büchern unterschiedlich sein können und du dir das auswählen solltest, was für dich stimmig ist.

- ***Erzengel Gabriel***
  Er steht für Klarheit. Er unterstützt Kinder oder auch dich beim Lernen und fördert die Konzentration. Du kannst ihn zum Beispiel vor dem Schlafengehen bitten, durch dich oder dein Kind zu fließen, um dabei all das in deinem System zu klären, was du im Laufe des Tages durch Begegnungen, Gedanken, Gefühle etc. aufgenommen hast und das dir jetzt nicht mehr dienlich ist, um erholsam schlafen zu können.

- ***Erzengel Michael***
  Ihn kannst du rufen, wenn es darum geht, Frieden zu finden mit dir, einer Angelegenheit, einem anderen Wesen. Er hilft dir, etwas in den Fluss zu bringen, das verstockt ist. Er hilft dir auch, wenn du sprechen sollst (bei einem Vortrag oder einer Prüfung) und den berühmten Kloß oder Frosch im Hals sitzen hast, damit sich dieser löst und deine Kommunikation frei fließen kann.
- ***Erzengel Raphael***
  Dieser Engel unterstützt die Heilung von physischen Disharmonien. Du kannst ihn zum Beispiel bei Verdauungsstörungen oder beim Zahnen für dein Kind rufen.
- ***Erzengel Uriel***
  Er steht dir mit seiner Kraft der Transformation zur Verfügung.
  Ich habe sehr gute Erfahrungen damit gemacht, ihn zu bitten, Ängste aufzulösen und Mut zu fördern. Das heißt, du kannst ihn deinem Kind zur Seite stellen bei Veränderungen in seinem Leben, wie zum Beispiel ein Schulbeginn. Wenn mich jemand bittet, etwas für die Heilung von Bettnässen zu tun, bitte ich unter anderem Erzengel Uriel, die Ängste und die Belastungen im emotionalen Bereich, die die Ursache für diese Körperreaktion sein können, aufzulösen.

Wie du sicher schon bemerkt hast, kannst du die Engelenergien sowohl für dich rufen als auch für deine Kinder oder deine Lieben. Nachdem ich dir jetzt einige Engelwesen vorgestellt habe, möchte ich dir noch weitere Anregungen für den Kontakt und das Miteinbeziehen von Engeln geben:

- ***Mit Engelkarten spielen***

  Meine Kinder ziehen sich zum Beispiel sehr gerne eine Engelkarte, die auf den jeweiligen Tag bezogen ist. Natürlich kann man die Karten auch zu besonderen Anlässen ziehen, wie Geburtstag, Jahreswechsel, um die Botschaft der Engel für einen längeren Zeitraum zu empfangen. Was mich dabei immer wieder erstaunt und was die Nähe und das energetische Zusammenspiel zwischen den Menschen, die zusammenleben, bestätigt ist, dass die Karten, die zum Beispiel Jona und Rowena ziehen, immer auch auf mich und meine Frage, meine Situation Antwort geben.

  Bei den abschließenden Empfehlungen in diesem Buch habe ich dir zwei Engelkartensets angeführt, mit denen ich persönlich sehr viel spiele. Doch auch hier gibt es mittlerweile so viele Veröffentlichungen, dass es sich lohnt, selbst zu suchen und die für sich ansprechendsten Bilder und Botschaften zu finden.

  Auf eine wunderbare Idee in diesem Zusammenhang brachte mich unsere Freundin Elisabeth, die bekannt für ihre kreativen Einfälle ist. Sie macht die Engelkarten auf goldenem Papier mit bunten Stickern selbst. Das heißt, du kannst für deine Kinder oder mit ihnen ein Engelkartenset kreieren, das immer wieder große Freude bereitet, egal wo ich die Karten mitbringe oder verschenke.

- ***Die Engelpost***

  Du kannst bzw. deine Kinder können den Engeln einen Brief schreiben, wenn sie sich etwas wünschen, aber auch, wenn sie eine „Sorge" haben, die sie gerne lösen möchten. Ich schreibe mit Rowena und Jona auf jeden Fall immer am 21. Dezember den Engeln einen Brief. Darin stehen alle unsere Wünsche, von der neuen Waschmaschine bis zur Gesundheit, für das kommende Jahr. Wir schreiben meist auf einem bunten Papier mit goldenem Stift (wobei das für die Wirksamkeit der Engelkräfte nicht entscheidend ist!), und dann übergeben wir den Brief den Engeln der Manifestation, indem wir ihn verbrennen oder ein Schifflein daraus bauen, das wir in einem nahegelegenen Fluss auf die Reise schicken.

- ***Die Engel begleiten durch die Nacht***

  Das ist für uns ein tägliches Einschlafritual, bei dem wir Engel einladen, die unsere Kinder in das Land der Träume begleiten und am Morgen wieder zurückbringen, und es ist egal, ob du den Schutzengel oder einen anderen, dir bekannten Engel oder Erzengel dafür einlädst. Es gibt auch einige alte Gebete, in denen die Engel gerufen werden. Ich persönlich bevorzuge die freie Formulierung. Doch auch dieses ist eine individuelle Vorliebe, nicht mehr und nicht weniger. Es sagt nichts über die Wirkungsweise aus, denn darüber entscheidet lediglich dein Herz, ob dieses bei deinem Tun mit dabei ist oder nicht.

- ***Ich male meinen (Schutz)Engel***
  Das macht viel Spaß, und der Engel kann dann aufgehängt werden, so dass die Erinnerung an ihn immer präsent ist.
  Du kannst dein Kind auch Engel für andere Menschen malen lassen, zum Beispiel für die Oma oder den Opa, und das ist eine wunderbare Geschenkidee.

Wie und wann rufst du nun Engel?

Egal ob sich ein Kind verletzt hat oder sich nicht wohlfühlt, ob ich (als Mutter) gestresst bin, ob wir etwas verlegt haben und auf der Suche danach sind, ob ein Kind aufgeregt vor einer Prüfung ist, und, und, und. Das sind alles Gelegenheiten, um einen Engel zu rufen, wobei es deiner Vorliebe und Intuition überlassen ist, welchen. Je älter meine Kinder werden, umso mehr fordere ich sie auf, selbst die Engel in solchen Fällen einzuladen und um Unterstützung zu bitten. Generell ist meine Erfahrung, dass Kinder, die gerne spielen, auch gerne mit Engeln spielen. Für uns ist es immer eine Wahlmöglichkeit, ob die Kinder möchten, dass die Engel gerufen werden.

Wir gehen nicht davon aus, dass unsere Kinder sich damit beschäftigen müssen, sie haben die Freiheit, ihren eigenen Weg zu wählen. Doch wenn sie in dieser Offenheit in einem spirituellen Kontext aufwachsen, ist es meiner Erfahrung nach etwas ganz Normales für sie, gegen das sie sich auch nicht rebellieren müssen, weil es kein Überstülpen von

Ich-möchte-dass-mein-Kind-sich-auf-diese-oder-jene-Art-mit-Spiritualität-beschäftigt

ist, sondern ihre freie Wahl. Und ich bin nach wie vor aus tiefstem Herzen davon überzeugt, wie ich in meinen Büchern immer wieder erwähne, dass es keinen Menschen auf dieser Erde gibt, der nicht spirituell wäre. Nur die Wege der Einzelnen sind ein bisschen anders, und das ist gut so. Um mit den Engeln zu wirken oder ihnen deine Bitten zu übergeben, verbindest du dich auch hier bewusst mit dem Wesen der Liebe, das du bist, und als solches rufst du den entsprechenden Engel an deine Seite, sagst, was du möchtest, und wenn er deinen Wunsch übernommen oder erfüllt hat, dann bedankst du dich wieder und verabschiedest dich von ihm. Und du erdest und zentrierst dich auf deine dir vertraute Art und Weise, um wieder vollkommen im Hier und Jetzt präsent zu sein.

☆☆☆☆☆

Gesund sein

Immer wieder werde ich bzw. die geistige Welt durch mich zum Thema „Impfen“ gefragt. Ich kann hier nur meine Erkenntnisse wiedergeben.

Grundsätzlich spürt jeder in seinem Herzen, was für ihn stimmig ist. Ich habe meine Kinder nicht impfen lassen, weil das in meinem Universum kein Thema ist. Das heißt, wenn ich auf Reisen gehe, lasse ich mich auch nicht impfen. Ich habe nie darüber nachgedacht, weil es für mich so immer ganz normal war. Grundsätzlich stimmt das auch mit meiner Wahrnehmung zu Impfungen überein.

Die geistige Welt erklärt uns immer wieder, dass es um die Annahme, das Einverstandensein mit allem, was ist, geht. Dass eine Krankheit zum Beispiel nur aufgrund eines Widerstands, einer Spannung, einer Reibung, die ich im Moment noch nicht konstruktiv nutzen kann, entsteht.

Das System von Impfungen ist auf Angst aufgebaut. Wenn ich meine göttliche Ermächtigung lebe, dann gibt es nichts, wovor ich Angst haben muss und mich schützen brauche. Aufgrund unserer menschlichen Entwicklung ist es wichtig gewesen, Impfstoffe zu entwickeln und es wurde damit auch Leben gerettet. Doch bin ich ebenso überzeugt, dass es eine Zeit geben wird, da wird das Thema „Impfen“ keines mehr sein, weil wir es alle nicht mehr brauchen. Dennoch bin ich der Meinung, dass, wenn jemand sehr große Angst vor Krankheiten hat, es sinnvoller ist und er das Recht dazu hat, sich impfen zu lassen, denn all das, wovor ich Angst habe, ziehe ich ja auch an. Und vor allen Dingen geht es ja generell nicht um die Verteufelung von zum Beispiel schulmedizinischen Maßnahmen, sondern um eine Zusammenarbeit und Aussöhnung damit. Denn alles hat zwei Seiten, und so ist die Schulmedizin nicht nur umstritten, sondern hat auch, wie bereits erwähnt, viele Leben gerettet.

Vielleicht kommt die Zeit, in der ich den Impuls habe, mich oder meine Kinder impfen zu lassen, und dann werde ich es tun. Für mich ist es wichtig, im Fluss zu sein und in diesen Situationen meiner inneren Stimme zu folgen, und so können sich Entscheidungen auch verändern.

Mittlerweile gibt es wohl auch schon eine Art „homöopathischer" Ersatzangebote, also alternative Impfstoffe, über die verschiedene Bücher bereits veröffentlicht wurden. Falls dich das interessiert, bitte ich dich, im Internet zu suchen bzw. in einer guten Buchhandlung nachzufragen.

Doch nun möchte ich mit dir gerne noch andere Aspekte im Zusammenhang mit Gesundsein beleuchten.

Wir haben zum Beispiel bei der Geburt unserer Kinder einen Rosenquarz bekommen, der von der geistigen Welt so programmiert wurde, dass Rowena und Jona nicht im morphogenetischen Feld im Bezug zu Kinderkrankheiten verankert sind, denn so, wie jede Krankheit, beruhen diese auch nur auf allgemeingültigen Glaubenssätzen, nicht jedoch, weil dieses Krankheiten wirklich sein müssten. Bis jetzt hat es auch gut funktioniert. Außer ein paar Erkältungen ist nicht viel gewesen.

Meinen Beobachtungen nach gehen Rowena und Jona

mit Disharmonien unterschiedlich um. Jona liebt es zum Beispiel viel mehr, über Husten oder eine verstopfte Nase zu kommunizieren als Rowena, wobei Rowena spätestens zwei Tage, nachdem Jona eine Erkältung gehabt hat, auch eine bekommt. Nicht, weil sie es „braucht", sondern weil sie es Klasse findet, dass man dadurch mehr Aufmerksamkeit erhalten kann. Das sieht sie nämlich bei Jona, er bekommt dann zum Beispiel einen bestimmten Kristall mit ins Bett etc., und das möchte sie dann auch. Und nachdem sie immer sehr neugierig ist und etwas versäumen könnte, holt sie sich die Energie der Disharmonie fast mit einem Atemzug in ihr System. Auf der anderen Seite lässt sie sie dann auch wieder ganz schnell los, das heißt, sie reagiert sehr schnell auf Energien, die eine Erkältung auflösen. Jona ist diesbezüglich viel „ausdauernder". Bei ihm kommt es dann vor, dass ich ihn einlade, seine Disharmonie in der Nacht den Engeln zu übergeben, damit er am nächsten Morgen wieder ganz gesund ist, und er mir dann antwortet: „Nein, mag ich nicht! Ich möchte es noch behalten!". Dann weiß ich aber auch, dass ich jetzt einen Kopfstand machen könnte, – was ich, wie ich übrigens zugeben muss, in dieser Inkarnation noch nie geschafft habe (smile) –, es würde nichts verändern, seine Nase würde weiter laufen. Dann lasse ich es ihm auch, denn in so einem Fall würde er, je mehr ich versuchen würde, es zu verändern, daran festhalten. Und dass manchmal weniger mehr sein kann, weiß ich auch von mir selbst. Je mehr ich versuche, eine physische Disharmonie loszuwerden, umso hartnäckiger wird sie. Wenn ich sie dann einfach sein lasse und mich auf etwas anderes, zum Beispiel auf meine Vollkommenheit, fokussiere, heilt sie von selbst ab.

Ich muss immer lachen, wenn jemand zum Beispiel sagt: „Mein Kind ist erkältet. Ich kann nicht kommen, denn ich möchte nicht, dass es die anderen Kinder ansteckt!“

Auch das ist nur ein Glaubenssatz. Die Übertragung einer Disharmonie ist nur möglich, wenn jemand auch bereit dazu ist, sie, warum auch immer, zu übernehmen. Je natürlicher wir mit diesen Disharmonien umgehen, umso schneller werden sie sich auflösen, und zwar in jeder Hinsicht. Doch auch wenn es um deine Gesundheit oder die deiner Kinder geht, kannst du letztendlich nur deinem Herzen, dem Wesen der Liebe, das du bist, folgen, um deinen Weg der Heilung zu finden und ihn zu gehen. Also schon wieder nichts Neues, das ich dir hier erzählen kann.

In diesem Zusammenhang lade ich gerne den Engel der Harmonie, den Engel der Heilung oder einfach Erzengel Raphael ein, einen Menschen bei seiner Gesundung zu helfen. Und ich arbeite dabei auch gerne mit Elfen und Feenenergien, die ich rufe und um bestimmte Unterstützungen bitte.

Abgesehen von Steinen und Farben verbinde ich mein Tun und mein Sein in diesem Fall auch gerne mit den Geschenken unserer Pflanzengeschwister. Mein Kräuterwissen ist zwar sehr bescheiden, doch möchte ich dir hier eine kurze Anregung geben. Wenn dich das interessiert und anspricht, kannst du es sicher ausbauen.

Wenn ein kleines Kind die Tendenz zu Blähungen hat, kannst du Feen einladen, die Energie von Dill oder Fenchel in den Verdauungstrakt des Kindes mit einfließen zu lassen, damit eine Auflösung seiner Disharmonie geschieht. Wie du die Naturwesen um Unterstützung bitten kannst, brauche ich hier wohl nicht mehr zu erwähnen. Du verbindest dich mit dem Wesen der Liebe, das du bist, lädst eine Fee ein, die dir behilflich sein möchte, oder eine, zu der du eine besondere Nähe hast, oder du bittest die Devas der entsprechenden Pflanze, die du nutzen möchtest, um ihre Mithilfe. Und dann sagst du klar, was du von ihnen wünschst. Du lässt es geschehen und bedankst dich bei den Energien und Wesen, die dich unterstützten, erdest und zentrierst dich wieder auf eine dir vertraute Art und Weise und schenkst deinen feinstofflichen Geschwistern einen entsprechenden Austausch für ihre Mitarbeit.

Auch hier wird dir deine Intuition sagen, ob du etwas wiederholst oder nur einmal machen sollst. Du könntest auf die oben beschriebene Art und Weise für dein Kind auch einen Stein mit einer Pflanzenenergie programmieren, den es bei sich tragen kann, bis sich die Disharmonie aufgelöst hat. Du könntest dafür einen Bergkristall nehmen, den du in der Folge immer wieder reinigen und bei Bedarf mit der jeweils erforderlichen Schwingung programmieren kannst. Du könntest auch eine Creme auf diese Art potenzieren und für dich und deine Kinder anwenden, als Unterstützung für die Auflösung von Disharmonien. Du siehst also, du hast unendlich viele Möglichkeiten und Spielereien zur Verfügung. Erlaube dir, sie zu entdecken, und nütze sie!

Mit Kristallen spielen

Wir (Antan und ich) arbeiten natürlich hauptsächlich mit Kiria Deva Kristallen, und deshalb möchte ich zuerst dir darüber etwas erzählen.

Kiria Deva ist ein atlantischer Kristalldeva, der zu Neumond hauptsächlich Bergkristalle programmiert. Wenn du mehr darüber wissen möchtest, so lese bitte nach in *Kiria Deva – Das Kristallwissen aus Atlantis* und im Fortsetzungsband *Kiria Deva und Elyah, Kristallwissen – Der Schlüssel aus Atlantis*.

In früheren Kiria Deva Seminaren, die Antan mit Kindern machte, stellte er ihnen das Kristallwesen, das in das Reich der Naturwesen gehört, vor, und sie schlossen Freundschaft, so wie es mit allen anderen Feen und Elfen und Engelwesen möglich ist. Dazu verbindet sich das Kind über eine zu Beginn angeleitete kleine Meditation mit seinem Wesen der Liebe. Du kannst es auch bitten, seine Augen zu schließen, und an einen Ort zu gehen, an dem es sich wohlfühlt. Dort angekommen, lädt es zum Beispiel Kiria Deva zu sich ein und kann sich so mit ihm unterhalten. Antan zeigte den Kindern, dass sie eine Stelle ihres physischen Körpers, an der sie sich vielleicht verletzt hatten, mit einer kleinen (Kiria Deva) Kristallspitze oder mit einer (Kiria Deva) Kristallkugel sanft berühren könnten, um so die Heilung zu beschleunigen. Antan selbst arbeitet für Kinder gerne über Kristallmandalas bzw. über Kraftfelder, die er, je nach Thema, mit einer entsprechenden Programmierung füllt. Die einfachste Form dabei ist, entweder sechs Kristalle in einen Kreis zu stellen oder aus vier Kristallen ein Viereck aufzustellen. Dadurch bildet sich ein energetischer Raum, den du, wie gesagt, mit Liebe, Geborgenheit, Klarheit etc. auffüllen kannst. Entweder legst du ein Bild des Kindes in die Mitte oder du stellst die Kristalle direkt um das Kind, das anwesend ist. Die Dauer ist von Kind zu Kind und von Anliegen zu Anliegen unterschiedlich, und hier bitte erlaube dir, auf die Stimme des Wesens der Liebe, das du bist, zu hören. Impulse, zu welchen Themen du ein Kraftfeld errichten und womit du es programmieren kannst, habe ich dir ja schon gegeben.

Was du in diesem Zusammenhang vielleicht noch wissen solltest, ist, dass du die Größe des Feldes bestimmst, entweder durch die Entfernung, die die Kristalle untereinander aufweisen, oder durch deine mentale Ausrichtung. Angenommen, du möchtest es über ein gesamtes Haus mit Grundstück ausdehnen und kannst die Kristalle nicht dort direkt hinstellen. Dann legst du ein Bild dieses Gebäudes in die Kristalle und sagst dazu, was alles in dem Kraftfeld sein soll, also Haus, Garten, angrenzender Wald etc. Das Kraftfeld löst sich übrigens dann wieder auf, wenn du die Kristalle entfernst oder veränderst. Anders ausgedrückt, solange du es haben möchtest, musst du die Steine stehen lassen.

Wenn du dich mit der Materie von Kiria Deva schon ein bisschen auskennst, dann sind es vor allen Dingen die fünfdimensionalen Farbschwingungen von Gelb, Rosa-Gold oder Blau-Kombinationen, auf die Kinder sehr gut ansprechen. Gelb hilft ihnen ebenso, leichter zu lernen;

Rosa-Gold, um in Liebe auf der Erde anzukommen; und Blau unterstützt in jeder Form, einen eigenen Ausdruck in Sprache und Bewegung zu finden.

Wenn ein Kind sich generell unsicher fühlt, dann hilft es zum Beispiel, einen (Kiria Deva) Kristall zu tragen und das Kind einzuladen, sich immer wieder vorzustellen, wie es in den Kristall eintaucht. Es steht dann im Zentrum des Kristalls und ist vollkommen von der Schwingung umgeben. So kann das Kind fühlen, dass es eingehüllt ist von Licht und die Energie und die Kraft des Steines durch sein Sein fließen. Das fördert seine Klarheit, seine Ausrichtung und das Gefühl, sich vor nichts fürchten zu müssen. Das ist ein wunderbares Hilfsmittel für Kinder, die zu schüchtern sind im Umgang mit anderen Menschen, aber auch, wenn ihre Wahrnehmung so offen ist, dass sie teilweise damit noch überfordert sind und sich, wie bereits in einem vorherigen Kapitel erwähnt, in der Nacht im Dunkeln fürchten.

Auch beim Spiel mit Kristallen gibt es immer mehrere Möglichkeiten: Das Kind kann entweder selbst wählen, ob und, wenn ja, welchen Stein es benötigt, oder aber du kannst es intuitiv für es tun. Entweder lässt du dich dabei von deinem Wesen der Liebe führen oder du pendelst es aus, testest es kinesiologisch oder mit dem Biotensor aus, oder du fragst das Wesen des Steines selbst, zu wem es möchte und was seine Aufgabe ist. Wähle jene Form, die dir Klarheit und Sicherheit bringt, und dann vertraue einfach deiner Wahrnehmung.

Wenn ein Kind zum Beispiel einen starken Bezug zur Sonne hat, weil das für ihn ein Stück Heimat bedeutet, oder weil es die solare Energie braucht, um sein Selbstvertrauen und seine Selbsterkenntnis zu fördern, kann es sein, dass ein Solarer Kiria Deva Kristall hilfreich ist oder ein Sonnenstein, der von dem Schweizer Bernhard Hunziker programmiert wurde (den entsprechenden Buchtipp dazu findest du auch in einem späteren Kapitel). Kein Stein ist besser oder schlechter als der andere. Es kommt immer nur darauf an, zu welcher Schwingung ein Mensch im Moment die größte Affinität hat und dementsprechend fällt seine Entscheidung aus. Weiterhin gibt es natürlich viele andere Steine, die eine heilsame Wirkung haben und uns in dieser Zeit des Übergangs behilflich sein können. Hier möchte ich dir noch einige Anregungen geben.

- Der ***rosafarbene Turmalin*** fördert die Fähigkeit des Annehmens bzw. das Gefühl des Angenommenseins. Er hilft bei Trennungsschmerz, zum Beispiel, wenn die Eltern nicht zusammen leben können oder wollen, beim Verlust eines geliebten Menschen oder bei Liebeskummer, um Traurigkeit aufzulösen.
- Der ***Wassermelonenturmalin,*** vor allen Dingen, wenn er auf der Höhe des Herzens getragen wird, unterstützt in dieser Phase des Übergangs, mit unterschiedlichsten Energien leichter zurecht zu kommen. Das Alte passt nicht mehr, das Neue ist noch nicht greifbar. Dieser Stein hilft den Kindern, zwischen den Welten zu reisen, in der neuen und in der alten Welt zu sein, um sich überall zu Hause fühlen zu können. Für die gleiche Thematik, wenn vor allen Dingen der physische Körper Unterstützung benö-

tigt, könntest du auch ***dunkelgrüne Jade*** tragen. Im Vergleich dazu würde der Wassermelonenturmalin die emotionale Ebene begleiten.

- Der ***Rosenquarz*** hilft, die Liebe zu dir selbst und zum Leben wachsen zu lassen. Er dient den Kindern, ihr Herz zu öffnen, um sich mit den Tieren unterhalten zu können und die Schönheit der Erde zu erkennen.
- Der ***blaue Calzedon*** fördert die Auflösung von Kommunikationsstörungen, wie zum Beispiel Stottern. Er ist sehr empfehlenswert für die Arbeit mit sprachgestörten Kindern.
- Der ***blaue Topas*** könnte in der Nähe des Halschakras getragen werden und fördert so den Ausdruck ganz allgemein. Er unterstützt Kinder bei Referaten und ähnlichem.
- Der ***Karneol*** ist ein Stein, der zum Beispiel bei wiederkehrenden Blasenentzündungen abwechselnd mit *Malachit* auf dem Unterbauch aufgelegt werden kann. In der Praxis könnte das zum Beispiel so aussehen, dass sieben Tage lang der Karneol zehn Minuten und im Anschluss der Malachit zehn Minuten aufgelegt wird. Diese Zeitangaben sind willkürlich gewählt, das heißt, falls du den Impuls verspüren solltest, dieses könnte eine Möglichkeit für dich sein, dann solltest du die Zeiten intuitiv wählen.
- Der rote ***Granat*** ist nach wie vor ein empfehlenswerter Freund für Kinder, denen es schwer fällt, auf

dieser Erde zu sein und die mit der Annahme der Dichte des Körpers Schwierigkeiten haben.

Du weißt, dass du die Steine auflegen, als Schmuck tragen, sie kurz ins Wasser legen, das du in der Folge trinkst, oder ihn bei Meditationen in der Hand halten kannst, um so bewusst mit ihm zu „arbeiten“ bzw. zu kommunizieren. Du kannst Steine am Schreibtisch oder neben dem Bett stehen haben oder damit einfache Massagen durchführen, je nach deiner Motivation, dem Thema und seiner Aufgabe bzw. seiner Programmierung. Auch Kinder haben diese unterschiedlichen Möglichkeiten. Die Vorgehensweise wird von Fall zu Fall variieren. Genauso gut könntest du für oder mit deinem Kind einen Bergkristall mit Feen- und Elfenenergie programmieren, damit mehr Leichtigkeit und Freude in seinem Leben einkehren können und es sich immer daran erinnert, wenn es diesen Stein trägt oder sieht.

Bevor du einen Stein füllen möchtest, egal mit welcher Energie, ist es wichtig, den Stein, den du dafür ausgesucht hast, zu fragen, ob er diese Aufgabe übernehmen möchte. Das machst du am besten wieder in dem bewussten Sein des Wesens der Liebe, das du bist. Wenn er JA sagt, dann reinige ihn bitte energetisch oder mit Wasser, oder wie auch immer du es kennst. (Das machst du bitte mit jedem Stein, mit dem du „spielen“ und dessen Energien du nutzen möchtest.) Dann lädst du die Energie, mit der du ihn füllen möchtest, ein, – zum Beispiel die Feenenergie für Leichtigkeit, eine Engelenergie für Harmonie – den Raum des Kristalls zu beziehen. Mit dem Satz: „So sei es zum Wohle des gesamten Universums!" schließt du das Ritual ab. Im Anschluss bedankst du dich bei den Energien, erdest und zentrierst dich und übergibst den Stein so seiner neuen Bestimmung.

Für dieses Kapitel fällt mir noch eine Anregung ein: Wenn dich oder dein Kind etwas bedrücken sollte, dann kannst du mit ihm an einen Fluss oder See gehen. Dort suche dir einen passenden Kieselstein aus bzw. lasse dich von ihm finden. Er wird dir jetzt als Sorgenweg-Stein dienen. Halte ihn nun in der Hand und erlaube, dass nun all das, was dich belastet und bedrückt, aus all deinen Ebenen in diesen Stein fließen kann. Das kannst du leise tun oder mit Tönen unterstützen, – mit Worten, die Sinn machen oder auch keine Bedeutung haben. Lasse es einfach fließen, bis du merkst, dass du all das, was dich bedrückt hat, abgegeben hast. Dann bedanke dich bei deinem Kieselsteinfreund und wirf ihn wieder ins Wasser mit der Bitte, dass die Wesen des Wassers die Energien aufnehmen und im Stein transformieren und in reines Licht verwandeln mögen. Und dieses Geschenk des Lichtes dürfen die Wasserwesen dann auch gleich als Dankeschön behalten, um die Energie dort zu nutzen, wo sie jetzt in irgendeinem Wasser auf dieser Erde benötigt wird. Und du darfst dir erlauben, frei und leicht wieder nach Hause zu gehen und du selbst zu sein, jenseits von Belastungen und Sorgen. Das kannst du natürlich machen, so oft du möchtest und es brauchst.

Lebendig sein und so wachsen

Wachsen ist ein Teil des Lebens. Lernen ist ein Teil des Lebens. Ich glaube, dass es den Menschen grundsätzlich Freude bereitet, Neues zu lernen und zu entdecken. Dieser Glaube gleicht einer tiefen Überzeugung, die sich aufgrund meiner eigenen Entwicklung und meines Seins, meiner Beobachtungen als auch durch die Gespräche mit der geistigen Welt geformt hat. Ich glaube, dass bald eine Zeit kommt, in der es keine Noten mehr geben wird (was ich ganz persönlich, und das ist eine Wertung!, gut finde!). Wir werden aufhören, uns über Leistungen in dieser Form zu definieren und zu bewerten. Dadurch werden viel Druck, Angst und Leid, die so in unserem bestehenden Leistungssystem häufig sind, einfach aufhören zu sein.

Manchmal staune ich über Menschen, denen ich begegne und die erzählen, wie wichtig es ihnen ist, dass ihre Kinder, ihre Enkelkinder oder auch ihre Schüler auf das „richtige" Leben vorbereitet werden. Da man ihrer Ansicht nach nie früh genug damit beginnen kann, schadet es den Kindern auch nicht, sich mit der Realität über Bewertung in Form von Notengebungen auseinander zu setzen.

Ich frage mich dann immer: auf welches Leben wollen wir denn unsere Kinder vorbereiten? Auf ein Leben, das eine Illusion ist, weil es weit entfernt von unserer göttlichen Natur liegt? Dann können wir so weiter machen wie bisher. Oder auf ein Leben, nach dem wir uns alle mit unseren Herzen sehnen, weil wir wissen, dass es möglich ist, in Liebe, in Frieden, in Freiheit und in unserem heilen Sein zu sein? Das ist deine freie Wahl. Doch ich glaube, dass sich unsere Gesellschaft in den nächsten Jahren sehr schnell in Richtung zweite Variante wandeln wird. Ich glaube, es ist möglich, für jeden das zu sein, was er tief im Inneren ist. Ich glaube, es ist möglich, eine glückliche Menschheit zu sein. Kinder lernen das, was wir ihnen vorleben, durch unser Tun, unsere Gedanken und Emotionen. Sie sind so etwas wie unsere „Visualisationen". Insofern tragen wir, jeder Einzelne von uns, die Verantwortung für die Entwicklung aller Kinder. Dieses wiederum steht eng mit deiner persönlichen Definition von Ethik im Zusammenhang. Dabei stelle ich mir immer folgende Fragen: Wie möchte ich behandelt werden? Was wünsche ich mir vom Leben ganz allgemein, wie soll es verlaufen? Wie möchte ich dem Leben, anderen Menschen begegnen? Wie wünsche ich mir, dass andere mir begegnen?

Die Beantwortung dieser Fragen ist für mich immer wieder eine wesentliche Richtlinie für den Kontakt mit kleinen und großen Menschen. Ich persönlich kann mir nicht vorstellen, dass das lange Stillsitzen in der Schule, so wie es im klassischen Sinne praktiziert wird, der Aufnahmefähigkeit und dem Lernen der Kinder dient. Für mich ist es kein Wunder, dass es so viele Probleme in und rund um die Schule immer schon gegeben hat und immer noch gibt.

Ich könnte mir für mich jetzt auch nicht mehr vorstellen, dass ich so lange in einer Schule ruhig sitzen würde, um etwas zu lernen, womöglich noch etwas, das mich gar nicht interessiert. Wie soll ich es dann von jemand anderen erwarten können?

Ich kann mich noch gut an meine Schulzeit erinnern. Sie war oft abenteuerlich, weil ich bereits damals immer sehr eigenwillig meinen Weg gegangen bin. Als ich dann schon etwas älter war und im Winter nicht aus dem Bett kam, weil mein Körper einen den Jahreszeiten angepassten Rhythmus hatte und er in den kalten Monaten mehr schlafen wollte, habe ich begonnen, meine Entschuldigungen selber zu schreiben. Erstens, weil es nicht erlaubt war, und zweitens wollte ich meine Mutter schonen, weil ihr sicher nicht so viel glaubwürdige Gründe für die große Anzahl von Fehlstunden eingefallen wären. So begründete ich mein häufiges morgendliches Zuspätkommen mit der intensiven Erdanziehung, die einfach zu kraftvoll für meinen physischen Körper war und er so, trotz meines guten Vorsatzes, frühmorgens nicht in die Senkrechte kam. Ich glaube, dass es meine lebhafte Phantasie war, die mich durch all die Jahre meiner Schulzeit immer wieder gerettet hat.

Lernen geschieht für mich durch Erleben, Erfahren, Begreifen, Beobachten, Bewegen, Nachmachen und Weiterentwickeln. Ich glaube, dass wir uns auch vermehrt wieder in diese Richtung entwickeln und uns unserem natürlichen Sein nähern. So wie ich mein Leben jetzt gestalte, kann ich das tun, was mir die Impulse meines Herzens sagen, und dort liegen auch meine Interessen und meine Stärken. So sollten meiner Ansicht nach auch Kinder wieder vermehrt lernen dürfen, egal wie alt sie sind und unabhängig davon, wie sich die Schule nennt, die sie besuchen, denn ich glaube, dass das die schnellste Form des Lernens ist, die uns dabei unterstützt, uns auf eine ganzheitliche Art und Weise in uns wohl zu fühlen. Umso mehr erfreut es mich, dass dieses Wissen in vielen Menschen nun erwacht und sie sich dafür einsetzen, wie und wo auch immer.

In einem späteren Kapitel werde ich dir auch noch einige konkrete Beispiele dafür nennen.

☆☆☆☆☆

Vertrauen

Sehr häufig übernehmen wir Verantwortung für Menschen, die uns nahe sind, weil wir glauben, wir könnten ihnen dadurch etwas ersparen. Doch letztendlich geht es nicht. Egal wie alt ein Mensch ist, es geht darum, ihm zu erlauben, das zu sein, was er ist, und seine Erfahrungen sammeln zu dürfen.

Das beginnt bereits beim Baby, wenn es das erste Mal für kurze Zeit alleine bei der Oma oder dem Opa ist. Und es geht weiter beim Besuch in einer Kindergruppe, Schule etc. Es geht immer wieder darum, das Kind ein Stück weiter seinen Weg all-Ein gehen zu lassen. Und dafür brauchst du Vertrauen, in dein Kind, aber auch in dich und generell in das Leben.

Häufig haben wir Vorstellungen vom Leben unseres Kindes, und es fällt uns schwer, es sich frei entwickeln zu lassen, weil es diesen nicht entspricht. So kann ich als Mutter oder Vater vielleicht nicht erlauben, dass mein Kind einen gleichgeschlechtlichen Menschen liebt, weil ich mir das für mich selbst nicht vorstellen kann. Also will ich auch nicht, dass mein Kind das tut. Es passt nicht in meine Wert- und Normvorstellungen. Dieser Mensch wird vielleicht nie den Mut haben, zu seiner Liebe zu stehen, obwohl ihn das glücklich machen würde. Und eigentlich ist es doch der Wunsch der Eltern, der Lehrer etc., dass es unseren Kindern gut geht.

Doch immer bedeutet das auch, sie loszulassen und sie so sein zu lassen, wie sie sind, und sie ihren Weg gehen zu lassen, ob dieser uns gefällt oder nicht.

Viele von uns möchten, dass ein Kind immer ein Kind bleibt, und das bleibt es nur, wenn ich es nicht erwachsen werden lasse. Und wenn du dich in deinem Umfeld einmal genau umsiehst, findest du sicher einige Menschen, die noch nie „erwachsen" waren, und du hörst vielleicht Mütter und Väter sagen, dass ihr Kind immer ihr kleiner Sohn oder ihre süße Tochter bleiben wird, egal wie alt dieser oder diese mittlerweile schon ist. Warum denn? Ist es nicht bereichernd, wenn sich eine Beziehung verändert? Wenn eine Freundschaft zwischen Eltern und Kindern entsteht und so jeder seine Energien frei für etwas Neues nutzt, das beim Wachstum begleitet werden kann? Das ist Bewegung, das ist Fluss, das ist Leben. Das andere ist Erstarrung.

Ja, ich weiß, ich bin in diesem Bereich eine kleine Revoluzzerin – und ich gestehe, dass es mir auch noch großen Spaß bereitet. Doch die geistige Welt versucht uns immer wieder zu sagen – und das ist auch meine tiefste Überzeugung –, dass es um *eine* Menschheit, um *eine* große Familie, die wir sind, geht. Vielleicht beginnen wir dann endlich, es zumindest Schritt für Schritt zu leben – wir können es ja wenigstens einmal versuchen. Beziehungen verändern sich, auch die zwischen Eltern und Kindern. Für mich ist wichtig, dass aus der ursprünglichen Abhängigkeit von Eltern und Kind „Partnerschaften", Freundschaften entstehen.

Mir ist es egal, wie meine Kinder mich nennen. Sie sagen Mama, und sie sagen Ava – das finde ich gut. Sie können frei wählen, je nachdem, welchen Aspekt sie gerade „brauchen“. Ich habe es auch schon erlebt, dass mir meine sechsjährige Tochter als erwachsene junge Frau erschien und mich in gewissen Phasen meines Lebens energetisch begleitete. Das hat sie für mich in ein anderes Licht gerückt, und ich konnte so ein Stück weit mehr verstehen, warum die geistige Welt immer wieder betont, dass es nur kleine Körper sind, während die Seelen groß sind, unabhängig vom physischen, linearen Alter.

Einem anderen Menschen, in diesem Fall meinem Kind und seiner eigenen Entwicklung, kann ich erst vertrauen, wenn ich mir selbst vertraue, und das heißt wiederum, dem Leben und dieser Inkarnation zu vertrauen. Daran darf ich mich selbst auch immer wieder erinnern. Das bedeutet, ich stehe wieder und wieder vor der Wahl, mich für das Vertrauen, für das tiefe Wissen in mir, dass alles gut ist, und für den Fluss der göttlichen Führung, die in allem innewohnt, zu entscheiden. Von meiner Persönlichkeitsstruktur her bin ich eine „Macherin“. Warum? Weil ich immer wieder glaube, dass wenn ich nicht alles selbst regle und manage, es in die sprichwörtliche Hose geht – auch nicht gerade ein Zeichen von Vertrauen – nicht wahr? Aber das kennst du ja vielleicht auch von dir?

Weil wir das wohl alle immer wieder allzu gerne vergessen, hier wieder einmal eine kleine Erinnerungsanregung dazu: Sei das Wesen der Liebe oder deine ICH-BIN Gegenwart, denn dein göttliches Bewusstsein ist Vertrauen. Somit bist bzw. hast du dieses Vertrauen auch für die Entwicklung deiner Kinder, wenn du dich mit einem Atemzug immer wieder auf deine ICH-BIN Präsenz ausrichtest. Vertraue deinen Kindern einfach, denn wer würde ihren Weg besser kennen als ihre Seele? Motiviere sie, Dinge selbst auszuprobieren, selbst Entscheidungen zu treffen, selbst Erfahrungen zu sammeln, denn das ist, meiner Meinung nach, eine Aufgabe der Eltern oder anderer Bezugspersonen, – Kinder zu fördern, ihnen Mut zu machen, an sich selbst zu glauben, um ihren eigenen Weg gehen zu können. Das ist Freiheit.

Deine Kinder dienen dir, um dich selbst zu erkennen. Deshalb finde ich es immer ganz wichtig, bei sich zu sein, sich zu betrachten und sich mit sich selbst auseinander zu setzen. Es liegt nicht an deinem Kind, wenn dich etwas an ihm bzw. seinem Verhalten nervt. Es ist etwas in dir.

Wenn ich gereizt bin und ich fast einen Ohnmachtsanfall bekomme, weil ich das Kinderzimmer betrete und es am besten umgehend wieder verlassen sollte, weil es aus meiner Sicht ein Chaos ist, hat das etwas mit meiner Vorstellung von Ordnung zu tun, die ich brauche, um eine äußere Struktur zu haben, an der ich mich festhalten kann. Es liegt nicht an meinen Kindern.

Hilarion meinte einmal zu einer Mutter, die sich über die Unordnung ihres Sohnes beklagte, sie solle doch einmal die perfekte Harmonie darin erkennen, die auch im Chaos ist. Sie könne es auch als Energiemandala betrachten. Hm. Eben!

Gerade in dieser Zeit, in der so viel in Bewegung ist, werden wir, die wir uns dazu entschieden haben, in dieser Zeit an diesem Ort inkarniert zu sein, um den Sprung in ein neues Bewusstsein zu initiieren, immer wieder gefordert, ob wir wirklich bereit sind, neue Wege zu gehen. Dazu ist es im Moment manchmal noch nötig, Erinnerungen aus unserer Kindheit, Jugend, unseren Partnerschaften etc. ans Licht zu holen, damit wir sie betrachten können, so als würden wir in einen Spiegel blicken, um uns dann neu entscheiden zu können. Wir können uns dann dafür bedanken, Altes stehen lassen, um eben die neuen Wege zu beschreiten. Und die Kinder sind eine Hilfestellung dafür.

Manchmal können Familienaufstellungen, Channelings, Gespräche mit lieben Freunden etc., sinnvoll sein, oder du beschäftigst dich mit der Arbeit von Byron Katie, was ein komplett anderer Ansatz ist, um den Anderen wirklich als eigenständiges Wesen zu sehen. Ja, es stimmt, die Zeit von Schülern und Lehrern und anderen hierarchischen Systemen ist vorbei und läuft aus.

Das ist auch für viele Menschen im Erziehungswesen immer wieder eine Herausforderung, nämlich Kinder als gleichwertige und gleichberechtigte Menschen anzunehmen und ihnen als solche zu begegnen und aus einem oft missverstandenen „Beschützerinstinkt“ herauszutreten. Also erinnern wir uns jetzt einfach bewusst daran, dass alles in jedem von uns ist. Wir sind kosmische Wesen, die im Außen nichts brauchen, um uns in uns wohl zu fühlen. Vertrauen ist Hingabe an das Leben, an die göttliche Kraft, die in allem ist. Wir können uns alle, ob groß oder klein, häufig an der Hand nehmen, um wieder und wieder gemeinsam zu springen, in den unendlichen Strom der Liebe, des Lebens und des Vertrauens.

Mit Farben tanzen

Dass Farben eine heilsame Kraft in sich tragen, ist mittlerweile wohl fast jedem von uns bekannt. Und gerade auch für Kinder und mit ihnen ist es eine wunderbare Möglichkeit, ihnen das zu schenken, bzw. sie können sich selbst das nehmen, was sie gerade brauchen, um sich wohl zu fühlen.

Jede Farbe hat eine bestimmte Qualität, Eigenschaft, die sie uns zur Verfügung stellt, wenn wir uns auf sie einlassen. Es gibt mittlerweile Studien, dass aggressives Verhalten in Gefängnissen zurückgeht, wenn die Wände rosa gestrichen sind.

Viele Menschen reagieren unterschiedlich auf verschiedene Farben. Ich erwähnte schon in einem anderen Buch, dass wenn sich meine Freundin am Abend mit Rot umgeben würde, sie nicht mehr schlafen könnte, während ich in Rot baden und dennoch wunderbar tief und fest einschlummern und durchschlafen kann.

In der Zeit meiner Aura Soma Ausbildung teilte man die Menschen in drei Grundtypen ein, die blauen, die roten und die gelben. Man ging davon aus, dass eine Farbe in der Zellinformation vorherrschend ist. Bei mir ist es zum Beispiel Blau, deshalb vertrage ich sehr viel Rot. Ein „roter Mensch“ reagiert deshalb auf Rot viel schneller als ich. Der blaue Typ ist ein aufnehmender, rezeptiver Mensch, der rote Typ jemand, der eher das dynamische Prinzip verkörpert und der gelbe Typ ist weder noch bzw. sowohl als auch. Doch das nur am Rande.

Du kannst Farben visualisieren. Du kannst über Kleidung, über Nahrung, über deine Raumausstattung, über farbige Öle und Essenzen, über Farbfolien und -lampen ihre Schwingung aufnehmen, um hier nur einige Möglichkeiten zu nennen. Wie du dir und/oder deinem Kind die Kraft der Farben zur Verfügung stellen möchtest, ist deine Entscheidung und hängt von deinen Möglichkeiten und Vorlieben ab.

Falls du dich noch nicht so sehr mit den Farben beschäftigt haben solltest, möchte ich dir im Folgenden einige Eigenschaften und Anwendungsmöglichkeiten nennen.

- *Rot* steht für Vertrauen, Mut, Kraft, die Verbindung zur Erde, Umsetzung, Manifestation, Liebe zum Leben und Fülle in der Materie. Diese Farbe hilft dir, wenn du müde bist, wenn du morgens nicht aus deinem Bett kommst, wenn es dir schwer fällt, Entscheidungen zu treffen und diese umzusetzen, wenn du deinen Körper nicht magst und nicht hier sein willst auf dieser Erde. Sie schenkt dir innere Wärme und lässt deine Lebenskraft durch dich pulsieren. Sie ist die Freude am Erschaffen und Gebären. Es ist die Farbe des Blutes, dem Saft des Lebens.
- *Orange* ist die Schwingung der Freude am Sein, der Kreativität, von Spiel und Spaß, des Ausgleichs zwischen dynamischer und rezeptiver Energien in deinem System, der reinen Lebensfreude und -lust.

Sie regt deine Genussfähigkeit und deine Sinnlichkeit an.
Erst kürzlich erzählte die geistige Welt in einem Channeling etwas über die Wichtigkeit unser Sinnlichkeit, was nichts anderes bedeutet, als dass alle unsere Sinne hell wach und wir in diesem Augenblick einfach vollkommen präsent sind. Deshalb bat sie uns auch, unsere Sinnlichkeit zu entfalten und wieder zu entdecken. Orange hilft dir dabei. Diese Farbe unterstützt dich, wenn du zu streng mit dir selbst bist, dir liebe- und verständnisvoller zu begegnen. Sie hilft dir auch, aus Wertungen bezogen auf alle Bereiche deines Lebens herauszutreten und in ein Einverstandensein einzutauchen. Sie hilft dir, die Freude am Sein nicht zu verlieren bzw. sie wiederzufinden.

- *Gelb* ist die Farbe des Selbstvertrauens, des Gleichgewichts zwischen Geben und Nehmen, der eigenen inneren Sonne, deiner Ermächtigung und deines Mutes, zu dir selbst zu stehen. Wenn es dir schwer fällt zu erkennen, wer du wirklich bist und was du möchtest, dann hilft dir diese Schwingung. Das wiederum erleichtert dir, deinen Weg zu sehen und die entsprechenden Entscheidungen zu treffen. Klarheit, Konzentration, die Ausrichtung auf ein Ziel, das Vertrauen in deine Kraft der Manifestation sind weitere Geschenke dieser Farbe. Sie vertreibt Traurigkeit und dunkle Wolken am Himmel deines Lebens und lässt dein (inneres) Licht wieder leuchten und strahlen.

- *Grün* ist die Farbe des Herzens, deiner inneren Wahrheit, deiner Weite, deiner Hoffnung, deiner Heilung, deiner Fülle und deines Überflusses. Wenn du Urlaub und Erholung brauchst, dann fülle dich auf mit dieser Schwingung und erfrische dich dabei. Wenn du unter Druck stehst und das Gefühl hast, keine Zeit für dich zu haben, dann erlaube dir, in grünem Licht zu baden. Wenn du deine Kommunikation mit der Natur ganz allgemein erweitern möchtest, dann hilft dir diese Farbe. Wenn du dir in einem Bereich deines Lebens Wachstum und Erfüllung wünschst, dann erlaube dir, diese Farbe dort hinein fließen zu lassen. Sie bringt Harmonie und Ausgeglichenheit. Sie unterstützt dich, die Stimme deines Herzens zu hören und ihr zu folgen.
- Ein *helles Blau* steht für jede Art der Kommunikation. Es fördert die Fähigkeit, dich klar auszudrücken und dabei das zu sagen und mitzuteilen, was du wirklich fühlst und denkst. Es beruhigt und bringt dich in deinen inneren Frieden. Daraus erwachsen Einsicht und Weitsicht der Dinge. Helles Blau bringt Inspiration und verbindet dich mit deinen grob- als auch feinstofflichen Freunden.
- Das *dunkle Blau* fördert eine erweiterte Sicht der Dinge. Über diese Schwingung tauchst du in längst vergangene Zeiten ein, und auf der anderen Seite

kannst du dir darüber deine Zukunft erträumen. Sie ist die Farbe der Mystik, des Wissens der alten Mysterienschulen und die Kraft der Vision. Sie fördert deine feinstofflichen Wahrnehmungen und lehrt dich, dein altes, tiefes Wissen der jetzigen Zeitqualität angepasst zu nutzen und zu leben.

- *Violett* ist die Farbe der Vereinigung von Himmel und Erde. Deshalb sagt man, dass sie die Fähigkeit des Meditierens fördert. Meditation ist nichts anderes als in der Einheit sein. Deshalb kannst du das immer und überall sein und bist nicht an „heilige" ruhige Plätze gebunden. Du kannst dich auch mitten auf einem tobenden Marktplatz eins mit dem ganzen Wirbel fühlen, bist dadurch im Hier und Jetzt und in tiefer Meditation. Das zu erkennen, dabei hilft dir die Kraft des violetten Lichts.

Wenn du mit Kindern zusammen bist, kannst du sie dazu anregen, sich mit Farben einzuhüllen, um sich aufzutanken, oder du stellst ihnen, falls sie noch zu klein dafür sein sollten, eine Farbe zur Verfügung. Die Wahl, welche Farbe du nehmen möchtest, fällst du am besten wieder als Wesen der Liebe, das du bist.

Grundsätzlich gibt es auch beim Spiel mit Farben verschiedene Möglichkeiten. Es gelten beide Grundsätze: „Gleich zu Gleich gesellt sich gern" – also Gleiches mit Gleichem zu behandeln, oder „Gegensätze ziehen sich an". So kann es sein, dass du einen Lehrer, dem du behilflich sein möchtest, sich klarer auszudrücken, damit ihm die

Kinder leichter folgen können, sowohl mit hellem Blau als auch mit Orange unterstützen könntest. Auch in diesem Fall vertraue deinem Impuls und deiner Wahrnehmung.

Natürlich kannst du auch verschiedene Visualisationsübungen oder Meditationen mit dem gesamten Regenbogen machen, um dich und deine Kinder mit den Farben zu erfreuen und zu erfrischen. So könntest du zum Beispiel, wenn du mit Kiria Deva vertraut bist, in einen Kristall, der mit dem fünfdimensionalen Regenbogen gespeist ist, eintauchen und mit ihm kommunizieren. Du kannst in einer Fantasiereise aber auch ganz einfach in ein Land jenseits von Zeit und Raum fliegen, um dort in einem Regenbogenbrunnen zu baden und dich aufzufüllen. Du kannst Regenbogen malen, bzw. es gibt wunderbare, in Regenbogenfarben funkelnde Aufkleber, oder einen Feng Shui-Kristall, der den Regenbogen an eine Zimmerwand wirft, in deiner Wohnung aufhängen, dich daran erfreuen und dich so mit ein paar tiefen Atemzügen mit den jeweiligen Farben auftanken, die du im Moment besonders brauchst.

Es gibt auch eine wunderbare Geschichte über den Regenbogenmann für kleinere Kinder, die ich Rowena und Jona immer wieder gerne vorlese. Ich habe sie im Anhang erwähnt. Dass man Farben auch tanzen kann und es dazu mittlerweile auch schon eigene Musik gibt, weißt du bereits. Bewegung hilft dem physischen Körper, zu integrieren und Veränderung in der Materie leichter anzunehmen. Den Tanz oder die Bewegungsspiele kannst du mit großen, bunten Tüchern ergänzen. Aus meiner Beobachtung heraus lieben es sowohl kleine als auch große Menschen, mit den bunten Tüchern zu spielen.

Abschließend möchte ich dir noch ein paar weitere Farben und ihre Qualitäten nennen.

- *Rosa* ist eine Farbe, die Geborgenheit schenkt und dich mit deiner weiblichen intuitiven Seite verbindet. Sie hilft dir, in den Ausgleich zu kommen, wenn du jemand bist, der grundsätzlich mehr für andere da ist als für sich selbst. Sie nährt dich und sie liebt dein Inneres Kind und umgekehrt.
- *Türkis* ist auch eine Schwingung, die Kommunikation fördert. Sie erzählt dir von deiner Sternenherkunft und steht für das alte atlantische Wissen. Ebenfalls knüpft sie Kontakt zu deinen Delfingeschwistern, die kosmische Wesen sind und somit auch für deine eigene Sternenwege stehen. Sie bringt dich in die Weisheit des Herzens und ist so ein Ausdruck für innere Meisterschaft und kosmische Freiheit. Deshalb wird sie auch die Farbe der Lehrer genannt, da sie diesen hilft, sich klar, liebevoll und fließend auszudrücken.
- *Gold* ist eine Farbschwingung der Integration, der Vereinigung, der Einheit. Sie unterstützt uns in dieser Zeit des Übergangs in verschiedener Form. Sie hilft uns, das anzunehmen, was wir nicht mögen, was wir fürchten, was wir meiden etc., indem wir durch ihre Unterstützung die göttliche Essenz darin

erkennen können und wieder bereit sind, auch dieses als Teil der Einheit von uns anzuerkennen. Gold vereint Gegensätze, Welten, unterschiedliche Ebenen und Dimensionen in uns und um uns.
Wenn es dir schwer fällt, etwas so sein zu lassen, wie es ist, dann nutze die Kraft des goldenen Lichts. Hülle dich, die Situation und das, was du nicht magst, darin ein und lasse es wirken. Du wirst merken, dass dein Verständnis und deine Wahrnehmung, deine Einstellung sich verändern werden. Gold steht für mich immer in Verbindung mit dem Goldenen Tempel von AN, der auf dem mittleren Gürtelstern von Orion ist, dem Ort in diesem Universum, an dem Dualität bereits geheilt ist. Wenn du mehr darüber wissen möchtest, dann lies bitte Solaras Buch „El An Ra – Die Heilung des Orion".

- Und zu guter Letzt möchte ich dir noch etwas über *Schwarz* sagen. Es gibt auch bei Farben Wertesysteme und verschiedene Einteilungen in „gute" und in „weniger gute" Schwingungen. Ich bitte dich, aus diesen Bewertungen ganz bewusst herauszutreten. Eine Farbe ist eine Farbe, nicht mehr und nicht weniger. Wie wir darauf reagieren, hängt mit uns zusammen und nicht mit der Farbe. So gibt es Systeme, die finden, Schwarz sei eine nicht sehr lichte Farbe, und andere wiederum mögen keine kräftigen Töne, sondern nur helle Pastelltöne. Ich finde, alles ist erlaubt, denn es hängt immer auch von der Ausrichtung ab, die beispielsweise durch einen kulturel-

len Hintergrund geprägt ist, warum ein Mensch eine Farbe liebt. Ich finde auch hier den goldenen Mittelweg ideal: Ich trage gerne Schwarz, doch jeden Tag wäre es mir zu viel. Ich trage gerne Weiß, doch jeden Tag, wäre es mir zu langweilig. Ich trage gerne Rot, doch jeden Tag wäre es mir zu intensiv. Ich trage gerne Rosa, doch jeden Tag wäre es mir zu süß. Ich glaube, du verstehst, was ich damit sagen möchte.
Doch nun zurück zu der Schwingung von Schwarz. Gerade weil sie so besetzt ist, möchte ich dir hier eine Anregung dafür geben, wie du Schwarz bei Einschlafproblemen als sehr beruhigende Energie für dein Kind nutzen kannst. Wenn du beispielsweise die Handflächenmitte in kreisenden Bewegungen sanft massierst und dir dort dabei einen schwarzen Punkt vorstellst oder mit einer Farbe auch einen direkt darauf malst, wenn du bzw. das Kind dieses lieber möchtest, dann schlafen manche Kinder leichter ein.

Auch bei all diesen Anregungen ist das Beste, was du tun kannst, es auszuprobieren und selbst deine Erfahrungen damit zu sammeln. Auf jeden Fall möchte ich dich einladen, keine Furcht vor einem bunten Alltag zu haben! Fokussiere dich auf die Qualitäten und Stärken einer Farbe, nicht auf ihre möglichen unangenehmen Nebenwirkungen, so wie es in allen Bereichen deines Lebens und auch in der Betrachtungsweise deiner eigenen Person heilsam ist.

Aus einem früheren Leben mitgebracht

Es gibt mittlerweile eine Reihe Bücher, in denen Menschen Aussagen von Kindern gesammelt haben, in denen sie sich an frühere Leben erinnern.

Ich kenne eine Situation aus meiner Kindheit, in der ich mit meiner Schwester und mit meinem Bruder in unserer damaligen Wohnküche war. Plötzlich veränderte sich meine Wahrnehmung: Ich war zwar immer noch mit meinen Geschwistern im Raum, doch ich war älter und trug eine andere Kleidung. Ich wusste ganz klar, dass meine Schwester, mein Bruder und ich gerade von einem Reitausflug nach Hause gekommen waren, und es war mir in dem Moment ganz bewusst, dass wir auf einem Pferdegestüt leben würden. Ich konnte mich noch an meine Verwirrung erinnern, als ich dann wieder „zu mir kam" und nicht verstand, wo jetzt die Pferde geblieben waren und ich plötzlich wieder so „klein" war. Es konnte mir auch damals niemand erklären, und alle lächelten milde auf meine Fragen.

Erst Jahre später verstand ich, dass ich durch einen Schlüsselreiz in eine frühere Inkarnation hineingerutscht war. Ich habe in einem früheren Kapitel schon erwähnt, wie sich die Erinnerung eines „Königs" auf das Verhalten gegenüber seiner Mutter auswirkte.

In einem anderen Fall fiel es auf, dass ein Kind sehr an seiner Mutter hing. Als wir diesem nachgingen, entdeckten wir im Herzen des Kindes nicht „verarbeitete" Erfahrungen. Es hatte in früheren Inkarnationen immer wieder sehr früh seine Mutter verloren und häufig die Erfahrung von unerwiderter Liebe gemacht, die es in der Folge auch immer wieder in tiefe Schwermut geführt hatte. Durch seine Angst, es könnte ihm wieder etwas Ähnliches passieren, klammerte es sich an seine Mutter. Wir lösten diese Energien im System des Kindes über eine uns vertraute Clearingtechnik, und siehe da, das Kind war generell fröhlicher und der Umgang mit der Mutter spielerischer und freier.

Auch Menschen, die eine Erstinkarnation auf dieser Erde sind, haben emotionale Speicherungen mitgebracht, die man als frühere Inkarnationserfahrung bezeichnen könnte. Bevor sich die Seele inkarniert, sucht sie sich ein passendes emotionales Kleid aus (ich habe darüber in „Heilung für das Innere Kind" mehr geschrieben, so dass ich auch das an dieser Stelle nicht weiter ausführen möchte), und das enthält entsprechende Erfahrungen. Deshalb kann es durchaus sein, dass du weißt, dass ein Kind das erste Mal auf dieser Erde ist, und dennoch die geistige Welt eine frühere Inkarnation erwähnt. Das bedeutet dann, dass es nicht eine Seelenerfahrung in dem Sinne ist, sondern eine mitgebrachte Prägung des emotionalen Kleides. Das Vorgehen, wie diese Energie auszugleichen ist, falls in dem Bereich noch eine Belastung sein sollte, ist gleich wie bei einer früheren, noch nicht geheilten Inkarnationserfahrung der Seele. Das ist nicht so kompliziert, wie es jetzt vielleicht zu klingen scheint. Meiner Beobachtung nach lassen sich Energien häufig leichter lösen, wenn jemand die Energie „nur" in seinem emotionalen Kleid mit sich trägt und nicht als „Seelenerfahrung" mitbringt.

Das sehe ich auch bei Rowena und Jona. Mit Rowena ist die Energiearbeit in diesem Zusammenhang meist viel „leichter“ als mit Jona, – einfach dadurch bedingt, dass sie eine Erstinkarnation, Jona aber schon viele Wege auf der Erde gewandert ist. Dadurch sitzen die Erfahrungsenergien in seinen Körpern „tiefer“ als in ihrem.

Manchmal nehmen Kinder auch Themen aus dem aurischen Sein der Mutter, während sie schwanger ist, und sie gebiert diese mit. Das heißt, das Kind lebt dann gewisse Energien, die eigentlich gar nicht primär seine eigenen sind. Natürlich gibt es einen größeren Zusammenhang, den man dahinter erkennen kann, warum sie sich dafür entschieden haben, etc. In so einem Falle würde man aber nicht von einer klassischen früheren Inkarnationserfahrung sprechen.

Ich möchte dir ein Beispiel dafür geben, damit es für dich verständlicher wird, was ich meine:

Ein Jugendlicher ist drogensüchtig. Trotz mehrmaliger Versuche ist es ihm bis jetzt nicht gelungen, damit aufzuhören. Es könnte nun sein (und bitte auch an dieser Stelle, das ist *eine Möglichkeit* von vielen und im Einzelfall zu erkennen, aber nicht zu verallgemeinern), dass die Mutter ein Suchtthema mitgebracht und dieses nicht ausgelebt, sondern ihrem Kind übertragen hat. In so einem Fall wäre der erste Schritt der Heilung die „Arbeit“ mit der Mutter und ihrer nicht offensichtlich gelebten Suchtthematik. Erst in der Folge würde eine Therapie bei ihrem Kind fruchten. Auch bei verhaltensauffälligen Kindern könnten die Ursache und die Lösung in der Betrachtung einer früheren Inkarnationsebene liegen. So kommt vielleicht ein Kind mit einer ausgeprägten „Kriegerenergie“ in eine Familie, um dort Ausgleich zu bringen. Es hat in vielen Inkarnationen gelernt zu kämpfen, um vielleicht auch seine Familie und sein Volk zu ernähren. Es vervollkommnete diese Fähigkeit in verschiedenen Ländern und Kulturen und bildete in der Folge dann selbst junge Kämpfer aus. Nun inkarniert es in eine Familie, in der sein jetziger Vater sich die Aufgabe gestellt hat, die Angst vor seiner Kraft zu verlieren und sich mit ihr, seiner Zielgerichtetheit und Klarheit auseinander zu setzen.

Im Moment ist es noch so, dass er bis zur Geburt seines Kindes ein eher zurückgezogenes, scheues Verhalten lebte und sozusagen bis dato das genaue Gegenteil, von dem, was sich seine Seele eigentlich vorgenommen hat, zeigte. Erst durch ein sehr kraftvolles, manchmal auch aggressives Verhalten seines Kindes wird er angeregt, über sich selbst nachzudenken und kann somit beginnen, das zu leben, was er sich vorgenommen hat. Je mehr der Vater seine Kraft annehmen kann, umso „ruhiger“ und „friedlicher“ wird das Kind werden.

Auch anhand dieses Beispiels kannst du erkennen, wie sich frühere Erfahrungen auf das Hier und Jetzt auswirken können. In diesem Fall wäre es hilfreich, primär mit dem Vater zu arbeiten und ihn bei der Annahme seiner Kraft zu unterstützen. Beim Miteinbeziehen von früheren Inkarnationserfahrungen geht es nicht um die Frage von Schuld, (die es laut geistiger Welt ohnehin nicht gibt), und es geht auch nicht darum, Verantwortung abzugeben und Ausreden zu finden. Es ist eine Ebene, eine Betrachtungsweise, die dazu dienen soll, und mitunter auch dienen kann, eine Lösung für ein harmonischeres Leben im Hier und Jetzt zu finden.

In der Praxis gehst du deshalb Schritt für Schritt vor. Ein Beispiel: Du hast ein verhaltensauffälliges Kind vor dir. Zuerst betrachtest du seine Körper und seine Chakren, ob du dort eine Antwort auf sein Verhalten findest. Dann beziehst du sein Umfeld mit ein, also seine Eltern, Geschwister, Bezugspersonen etc. Wenn du dann noch keine, für dich erfüllende Erkenntnis gewonnen hast, gehst du eine Ebene tiefer und schaust, ob die Ursache und der Schlüssel in einer früheren Inkarnationserfahrung liegen. Wie du diesen Weg beschreitest, also ob du über deine Intuition, deine feinstoffliche Wahrnehmung gehen oder es über eine dir vertraute Methode austesten möchtest, ist deine Entscheidung. Falls du dir unsicher sein solltest, dann wende dich an jemanden, dem dieses geläufig ist.

Jetzt möchte ich dir noch ein paar weitere Beispiele zu diesem Thema nennen: Rowena entwickelte in den ersten Jahren Angst vor Wasser. Das äußerte sich so, dass sie nicht schwimmen gehen wollte. Sehr schnell erkannten wir, dass sie diese von mir übernommen hatte. Es war meine Geschichte, die ich noch nicht vollständig aufgelöst hatte und die sie nun zu ihrer zu machen begann.

Antan unterstützte sie energetisch, dieses nicht zu tun, sondern das Thema mir zurückzugeben. Seit diesem Zeitpunkt veränderte sich ihr Umgang mit Wasser und sie wurde zu einer richtigen Wasserratte.

Ein weiterer wichtiger Aspekt in diesem Zusammenhang ist wieder einmal das Morphogenetische Feld. Viele unserer Ängste werden uns darüber wie automatisch eingespeist. Wir haben dadurch das Gefühl, das sei unser Thema, obwohl es überhaupt nichts mit unserem eigentlichen Wesen zu tun hat. Das ist für mich in dieser Zeit des Übergangs immer wieder eine Gratwanderung, bei der wir alle aufgerufen sind, bewusst mit allen Energien umzugehen.

Wir haben zum Beispiel alle schon sehr häufig die Erfahrung des Zahnens erlebt, entweder in unseren eigenen Körpern oder bei unseren Kindern, die wir in allen früheren Inkarnationen schon hatten. Dadurch bildete sich eine kollektive Überzeugung, dass Zahnen schmerzhaft und unangenehm ist. Und so wird es auch den heutigen frischgebackenen Eltern weiter vermittelt, und so bestätigen sich diese Erfahrungen wieder und wieder.

Die geistige Welt fordert uns deshalb auf, uns an unsere Essenz als göttliche Wesen zu erinnern, an unsere Fähigkeiten, neue Wirklichkeiten zu kreieren. Das ist für mich im Moment noch wie ein Pendeln zwischen den Ebenen. Auf der einen Seite wäre es naiv, einem zahnenden Kind keine Hilfe zu geben, wenn es Schmerzen hat, auf der anderen Seite aber ist es wichtig, sich immer wieder bewusst zu werden, dass das eine Realität ist, die wir als Menschheit verändern können, so dass es eine freudvolle und leichte Erfahrung sein kann.

Dadurch verändern wir in der Folge wieder unser Morphogenetisches Feld und es kann wieder in seine ursprüngliche Aufgabe zurückgeführt werden, – als unterstützendes Netz, das Leben bringt und nicht das Gefühl der Schwäche und des Getrenntseins aufrecht erhält. Doch das ist eine andere Geschichte, und auch dafür empfehle ich dir ein anderes Buch (*Kiria Deva und Elyah, Kristallwissen – der Schlüssel von Atlantis*).

Noch eine ganz tolle Erfahrung des Erinnerns hatte ich mit Jona in Island. Wir waren viel mit dem Bus unterwegs, und er sagte häufig, wenn er aus dem Fenster blickte: „Ach, das kenne ich schon alles. Hier bin ich schon gewesen!“ Am Tag der Abreise war ihm, sehr zu meiner „Begeisterung“, wie man sich vorstellen kann, übel und er musste sich mehrmals übergeben. Wir probierten einiges aus, doch nichts half. Erst als Antan dem Impuls folgte, dass es Abschiedsschmerz war und er diesen auflöste, begann sich Jona kontinuierlich wieder besser zu fühlen und erholte sich noch während der Heimreise rasch.

Natürlich ist es für mich, da ich jetzt doch schon seit einigen Jahre damit Übung habe, leicht, in unterschiedliche Ebenen hineinzublicken. Doch ich weiß, dass du das im Grunde auch kannst bzw. dass es mittlerweile ganz viele tolle Menschen gibt mit den unterschiedlichsten Fähigkeiten, die dieses auch können. Wenn es für dich wichtig sein sollte, – weil es für dein Leben, für deine Frage, für deine Kinder die Lösung beinhaltet –, dann erlaube dir einfach, offen zu sein. Du wirst zur richtigen Zeit die richtigen Anregungen und Menschen treffen, die dir die notwendigen Antworten geben werden, falls du selbst noch ein bisschen unsicher oder ungeübt sein solltest. Vielleicht ist es aber auch nicht wichtig für dich, dich auf diese Art mit einem Thema auseinander zu setzen, und dann findest du einen anderen, für dich stimmigeren Weg.

Du weißt: Alles ist ganz einfach. Du brauchst dich nicht anzustrengen. Alles, was im Moment für dich wichtig ist, ist bereits in dir und du hast deinen Zugang dazu. Denn, wie gesagt, gerade bei der Betrachtung früherer Inkarnationen geht es nur darum, einen anderen Aspekt zu beleuchten, um einen Kreis mit dem Hier und Jetzt zu schließen. Es ist ein Atemzug, mit dem betrachtest du eine, linear gesehen, frühere Energielinie, um etwas besser verstehen zu können, und übersetzt dieses in Bilder, die wie etwas Vergangenes aussehen. Mit dem nächsten Atemzug bist du schon wieder im Hier und Jetzt. Es geht nicht darum, in der Vergangenheit zu verweilen und darin zu wühlen und darüber dich selbst im Jetztsein zu vergessen. Erlaube dir, dich mit dem Wesen der Liebe zu vereinen, das du bist, dann weißt du ganz schnell, was ich damit meine.

Und nun wenden wir uns einem weiteren Thema zu, das uns allen immer wieder begegnet bzw. das uns regelmäßig beschäftigt.

☆☆☆☆☆

In der Fülle leben

Aus der Fülle entsteht Großzügigkeit. Das ist eine Qualität eines weiten, offenen Herzens. Fülle ist ein bewusstes Sein.

Als ich heute Vormittag unterwegs war, um meine Besorgungen zu machen, überkam mich eine „Erkenntnis“: Es ist eigentlich alles da!

Ich konnte plötzlich nicht mehr verstehen, warum ich mich über irgendetwas aufregte. Das, was mich so ärgerte, war nur die Form, die Struktur, wie sie meiner Meinung nach sein sollte und die sich nicht so darstellte, damit ich die Fülle annehmen konnte. Doch die Fülle an sich war auch ohne diese Struktur da. Das heißt, je mehr ich mich von der Form lösen konnte, umso mehr konnte ich die Fülle in jedem Moment meines Seins wahrnehmen. Ich war unabhängig von äußeren Umständen und Gegebenheiten. Egal ob ein geliebter Mensch in der gleichen Stadt lebt oder am anderen Ende der Welt, die Liebe, die Fülle bleibt immer gleich. Also konnte ich mich getrost geliebt und erfüllt fühlen.

Für solche Momente der Gnade bin ich immer sehr dankbar, weil ich, ganz menschlich, im Alltag oft sehr unerkenntnisreich herumwurschtele. Also hat Füllebewusstsein wieder einmal sehr viel mit Hingabe und Annahme von allem, was ist, zu tun. Also wieder nichts Neues, denn auch Fülle kannst du dir nicht erarbeiten. Nur den äußeren Schein, die Illusion davon, wie zum Beispiel ein dickes Bankkonto, doch das ist nur eine Struktur, die eigentlich keine Bedeutung hat, wenn das Wesentliche dabei übersehen wird. Dieses, die Essenz, dahinter zu erkennen, ist es, was bei Visualisationsübungen zum Beispiel bedeutet, so zu tun, als wäre es bereits vorhanden. Denn in dieser Ebene ist alles möglich, und du kannst alles erreichen, weil alles da ist. Du hebst dich in so einem Augenblick aus der Struktur. Andere würden es Matrix nennen. Bisher glaubte ich immer, dass die Annahme der Fülle in meinem Leben etwas mit der Frage, wie viel bin ich mir wert, also mit meinem Selbstwert, zu tun hat. Das ist aber nur eine Betrachtungsweise. Auch dieses ist nur eine Struktur. Was steht dahinter? Die ICH-BIN-Gegenwart.

Am besten können wir unsere Kinder Füllebewusstsein lehren, indem wir selbst es sind. Das bewusste Sein von Fülle beinhaltet für mich den achtsamen Umgang mit allem, was ist. Wenn ich in diesem Gewahrsein bin, liegt es mir fern, etwas zu zerstören. Es ist mir ein Anliegen, meine Fülle zu teilen, weiterzugeben, zu verschenken, um dadurch Wachstum zu fördern.

Ein Bild, das du vielleicht schon kennst und das mir in diesem Zusammenhang immer wieder einfällt, ist die Vorstellung, du stehst auf einem Hügel und bist wie ein Magnet ausgerichtet, und alles, was du in diesem Augenblick und im Leben überhaupt brauchst, um glücklich zu sein, wird von dir magisch angezogen. Es kommt ganz von selbst, ganz leicht zu dir und bleibt bei dir, an dir, um dich und in dir: Liebe, Harmonie, Verständnis, genauso wie Geld, Freunde, der Beruf, der dich erfüllt etc.

Dieses Bild kannst du auch gemeinsam mit deinen

Kindern visualisieren. Wenn du in dem bewussten Sein der Fülle bist, gibt es auch keine Eifersucht, keinen Neid und keine Konkurrenz mehr.

Wenn ein Kind im Mangel ist, kann das verschiedene Gründe aufweisen. Wie du bereits weißt, kann es Energien aus seinem Umfeld übernommen haben, wie beispielsweise deine eigene Unzufriedenheit mit deinem Aussehen oder dein Gefühl des Mangels in deiner Partnerschaft. Vielleicht hast du ja auch eine Rechnung vom Finanzamt bekommen über eine stattliche Nachzahlung, die dich im Moment erschreckt und deine Mangelenergie aktiviert. Und dein Kind übernimmt diese Energie, indem es an diesem Tag besonders überdreht ist und du das Gefühl hast, egal was du tust, heute ist es für dein Kind einfach nie genug. Was also ist die Lösung? „Richtig“, du segnest deine Rechnung und freust dich schon darauf, deinen Reichtum mit dem Finanzamt teilen zu dürfen, damit sich der Wohlstand auf der ganzen Erde ausbreiten möge ..., und dein Kind wird wieder ruhiger werden.

Eine weitere Ursache für ein Mangelverhalten deines Kindes kann natürlich auch, wie bereits erwähnt, eine frühere Inkarnationserfahrung sein, beispielsweise eine Energie des Verhungerns, die noch nicht verarbeitet wurde. Oder dass dein Kind immer so zornig auf seine kleine Schwester losgeht, weil es die emotionale Erinnerung noch nicht geheilt hat, dass diese jetzt kleine Schwester früher der große Bruder war, das Lieblingskind der gesamten Familie, der immer alles besser wusste. Was auch immer die kleine Schwester getan hat, sie hat immer das Gefühl gehabt, nicht genug geliebt zu werden – immer war der Bruder damals einen scheinbaren Schritt voraus – und jetzt ist er schon wieder da, als kleine entzückende Schwester – und das eifersüchtige Verhalten ist nur ein Ausdruck der absoluten Überforderung und Angst.

Einen momentanen Mangel deines Kindes kann aber auch nur heißen, dass es im Hier und Jetzt etwas benötigt und es keine tieferen Ebenen dazu zu betrachten gibt, und es reicht dann für dich, einen Augenblick durchzuatmen, innezuhalten, es in den Arm zu nehmen und ihm wieder einmal zu sagen, wie lieb du es hast.

Wie auch immer, erlaube dir, dich immer wieder in das bewusste Sein der Fülle zu bringen, dich daran zu erinnern, es in dir zu entdecken, jeden Tag aufs neue, und dehne es aus über deine Kinder, deine Partner, deine Familien, deine Mitarbeiter, deine Nachbarn, deine Welt etc.. Stecke jeden damit sozusagen an! Erlaube dir so, zu einem „Fülleberater" für dieses gesamte Universum zu werden ...

☆☆☆☆☆

Feste feiern, wie sie fallen

Meiner Erfahrung nach lieben Kinder Feste, egal ob es sich um den Geburtstag handelt, das Christkind, den Fasching, den Jahreswechsel etc.

Was ich selbst besonders gerne mit meinen Kindern feiere, sind die Jahreskreisfeste. Dabei wird nicht nur der Kontakt zur Erde und den Naturwesen gestärkt, sondern die Kinder lernen auch etwas über ihre Wurzeln (= Ahnen im weitesten Sinne), über ihre eigenen Möglichkeiten, über ihre eigenen Kräfte. Mittlerweile gibt es unzählige Literatur darüber, die auch speziell auf Kinder abgestimmt ist. Einige Lesetipps findest du bei den Buchempfehlungen. Dennoch möchte ich dir im Folgenden einen kurzen Überblick über die Jahreskreisfeste geben, falls du gleich etwas darüber wissen möchtest und in diesem Bereich noch nicht so bewandert sein solltest.

- *Samhain* (1. November)
  Das ist die Zeit, in der die Kürbisse ausgehöhlt werden, du dich verkleiden kannst und Orakel befragt werden.
  Ein bei großen und kleinen Menschen gleichermaßen beliebtes Orakelspiel ist es, ein Kinderüberraschungsei zu ziehen und dann den Inhalt im Bezug auf das kommende Jahr zu interpretieren. Es ist auch ein Fest, um die Ahnen zu ehren. Für mich ist es ein alter Brauch, an diesem Tag Kerzen für sie zu entzünden, und häufig wird beim Essen an die-

sem Tag ein Gedeck für sie mit aufgelegt. Es ist ein Fest, um aufzuräumen, nach innen zu gehen und neu zu beginnen.

- *Yule* (21. Dezember)

  Das ist ein Fest des Lichts.

  Du kannst mit deinen Kindern Kerzen selbst verzieren, das ist mittlerweile schon ganz einfach. Wenn du möchtest, verschenke sie als Lichtbringer an Menschen, die du lieb hast, bzw. entzünde sie am Abend und erhelle so deinen Raum. Wenn du möchtest, backe mit deinen Kindern besondere Brote, zum Beispiel in Form von Sonnen. Du kannst darin auf kleinen Zetteln aufbauende und liebevolle Botschaften mitbacken. Du kannst auch eine Mandel darin verstecken; wer sie beim späteren Verzehr findet, der bekommt eine Papierkrone aufgesetzt, da er das Sonnenkind für den heutigen Tag ist. Auch diese Brote kannst du verschenken und den Rest mit deiner Familie verspeisen.

  Es ist auch das Fest, an dem neue Mistelzweige aufgehängt und die alten verbrannt werden können. Dieser Pflanze sagt man nach, sie sei reinigend und entgiftend. Und das Schönste: Du kennst sicher den Brauch, dass sich zwei Menschen, die sich unter einem Mistelzweig treffen, küssen dürfen, sollen bzw. „müssen“. (Also überleg dir gut, wo du ihn aufhängen möchtest – smile.)

- *Imbolc* (1. Februar)
  Bei diesem Fest kannst du zum Beispiel mit deinen Kindern kleine Schiffe aus Korken bauen, eine Kerze darauf setzen und das Ganze mit bunten Stiften und Bändern verzieren. Und schließlich kannst du zu einem kleinen See oder Fluss gehen und das Boot, gemeinsam mit deinen Wünschen und Bitten für das laufende Jahr, den Wassergeistern übergeben und auf Reisen schicken.
  Es ist auch die Zeit, in der du beginnst, den Winter auszutreiben und den Frühling willkommen zu heißen. Das heißt, du kannst entweder in deiner Wohnung oder im Wald mit Besen, Kochtöpfen und Kochlöffeln, mit Rasseln und Ähnlichem singend und laut johlend durch die Räume bzw. zwischen den Bäumen umherlaufen. Das Alte wird dabei verabschiedet und das Neue kann einziehen. Dabei kannst du auch Räuchermischungen nutzen und zu deiner Lieblingsmusik „wilde“ Tänze tanzen.
- *Ostara* (21. März)
  Das ist ein Fest der Fruchtbarkeit.
  Auch wenn es vom Termin her nicht immer direkt in das Osterfest fällt, wäre dieses ein guter Zeitpunkt, um Eier zu bemalen. Auch diese können dann als Symbol der Fülle und des Wohlstands verschenkt werden. Wenn du möchtest, kannst du dir und deinen Kindern bunte Bänder ins Haar flechten, oder du schmückst einen Baum damit und ihr tanzt darum herum. Oder du machst ein Ritual, in dem du die

vier Elemente einlädst und du dich bei ihnen für all das, was sie dir bisher geschenkt haben, bedankst. Auch bei diesem Fest kannst du mit deinen Kindern geformte Brote, wie zum Beispiel Hasen, Hennen, Kringel oder Brezeln, backen. Während du dieses tust, denke bitte an das, was du dir erschaffen möchtest, was du dir wünscht. So kann es nach dem Verzehr des Brotes in Erfüllung gehen.
Es ist ein Fest, bei dem die Kräfte der Großen Mutter, die empfangenden, formenden und gebärenden, gefeiert werden.

- *Beltane* (1. Mai)
  Dieses Fest ist dir vielleicht als Walpurgisnacht bekannt.
  Hier kannst du mit deinen Kindern die Hexenbesen, Hexenhüte und Zauberstäbe auspacken. An diesem Tag kannst du dir einmal erlauben, etwas zu tun, was du sonst nicht tun würdest. Probier einmal etwas Neues aus. Und am Abend kannst du dich mit anderen lieben Menschen zu einem Hexenfest treffen mit feinen Leckereien und Tanz.
  Bei diesem Fest feierst du deine Kraft und erweckst sie. Gleichzeitig ehrst du das tiefe Wissen um deine Verbundenheit mit allem, was ist. Falls du es lieber ruhiger mit deinen Kindern zelebrieren möchtest, wäre eine Nachtwanderung vielleicht genau das Passende für dich. Du kannst dabei die Sterne betrachten, und wenn es nicht mehr zu kalt ist, sogar im Freien übernachten.

- *Litha* (21. Juni)
  Das ist das Fest, an dem die Feuer am Berg entzündet werden.
  Du kannst diese aber auch von „unten“ mit deinen Kindern genießen und betrachten, während du ein Windlicht in deinem Garten brennen lässt. Diese Feier fällt in die Zeit, in der du mit deinen Kindern Kräuter sammeln kannst, um sie zu trocknen und in der Folge deinen eigenen Tee daraus zu machen. Die Energie des Sommers wird in vollen Zügen willkommen geheißen, genossen und gefeiert.
- *Lughnasadh* (1. August)
  Das ist ein Fest der Fülle. Vielleicht hast du Lust, mit deinen Kindern ein großes Picknick zu machen und dabei der Erde „Danke“ zu sagen für all ihre Geschenke. Es beginnt jetzt auch die Zeit, in der Kornpuppen gebunden werden, die beim folgenden Fest der Erde übergeben werden.
- *Mabon* (21. September)
  Das ist ein Erntedankfest. Die bereits gebundenen Kornpuppen werden der Erde übergeben.
  Du könntest zum Beispiel ein Apfelfest machen. Jeder, der kommt, könnte etwas anderes zu diesem Thema mitbringen: Apfelkuchen, Apfelmus, aus Äpfeln gebastelte Figuren, die auch der Erde und den Naturwesen übergeben werden, Geschichten über Äpfel, Kerne von Äpfeln für Ketten oder um sie gemeinsam einzusetzen, und, und, und.

Es gibt also viele Möglichkeiten, Feste zu feiern, und eine Reihe Bücher, die wunderbare Ideen für Kindergeburtstagsfeste haben. Diese können dann zum Beispiel unter einem bestimmten Motto stehen, die Einladungskarten, die Spiele, die Kleidung, das Essen – alles ist darauf abgestimmt.

So könntest du zum Beispiel ein Elfenfest oder einen Feengeburtstag feiern. Zu Weihnachten kannst du mit deinen Kindern in den Wald gehen und einen Baum für die Naturwesen und die Tiere des Waldes schmücken, mit Äpfeln, Mandarinen, Schokolade ohne Verpackung etc. Ich persönlich zum Beispiel mag es sehr gern, immer wieder mit den Kindern unser Haus entsprechend der Jahreszeit oder des jeweiligen Jahreskreisfestes zu dekorieren. Doch dir fallen bestimmt noch viel mehr tolle Ideen und Feste zum Feiern ein. Das Feiern gemeinsam mit meinen Kindern weiter auszubauen und zu zelebrieren ist mir persönlich ein großes Anliegen.

☆☆☆☆☆

Mit Elfen und Feen wirken

Ich habe schon so viel über diese Wesen geschrieben, dass ich nicht vor hatte, auch in diesem Buch etwas über sie zu sagen. Doch sie haben sich einfach eingeschlichen, sie waren ständig anwesend und mir wurde wieder einmal bewusst, um wie vieles leichter und freudvoller sich unser Leben gestalten und unsere Vorhaben umsetzen lassen, wenn wir diese feinstofflichen Freunde miteinbeziehen.

Erlaube dir einmal, Babys zu beobachten. Du wirst erstaunt sein zu sehen, wie gespannt sie manchmal in die Luft starren. Manchmal scheint es so, als würden sie mit ihren Blicken jemandem nachsehen oder ihn ganz intensiv betrachten. Häufig beginnen sie dann auch zu lächeln und zu brabbeln.

Auch bei Tieren, wie zum Beispiel Hunden und Katzen, kannst du das sehen. Dabei kommunizieren Babys und Tiere sehr häufig mit Feen und Naturwesen. Wenn du in solch einem Moment dein Herz öffnest und dich mit dem Wesen der Liebe, das du bist, vereinst, kannst du der Unterhaltung auch folgen und sie verstehen.

Bereits in den vorangegangenen Kapiteln wurden die kleinen Helfer und Freunde des Menschen immer wieder erwähnt. Es gibt so viele Geschichten und Märchen über sie, dass es sich wirklich lohnt, einige davon erneut zu lesen, um den Kontakt mit ihnen neu zu beleben. Selbst wenn du nicht gerne lesen solltest, gibt es mittlerweile zahlreiche Filme rund um dieses Thema, so dass du auch diesen Weg der Einstimmung wählen könntest.

Für Rowena und Jona ist es ganz normal, dass ich mich mit Feen und Naturwesen unterhalte. Wenn wir gemeinsam im Wald unterwegs sind, lieben sie es, in der Zwischenzeit den feinstofflichen Freunden Gummibärchen und andere Leckereien zu schenken und diese zu verteilen. In ihren Kindertanzstunden mögen sie es sehr, sich ihre Elfenflügel umzuhängen, ihre Zauberstäbe zu schwingen, eine Feenkarte zu ziehen und die Energie in Bewegung und Spiel umzusetzen.

Generell helfen uns die Feen und Elfen, unsere Herzen zu öffnen, und somit erweitern wir unser Bewusstsein für die Verbundenheit mit allem, was ist, und dafür, dass alles belebt ist.

Wie Feen und Elfen und das Naturreich eingeteilt werden, darauf möchte ich in diesem Buch nicht näher eingehen. Wenn du dazu noch mehr Informationen möchtest, bitte ich dich, dir entsprechende Literatur oder Feenkarten zu besorgen, oder auch ein Seminar zu diesem Thema zu besuchen.

Auf diesen Seiten möchte ich dir einige Empfehlungen aus der Praxis mitgeben. Ich erwähnte schon, dass es auch Feenkarten gibt. Und so, wie ich es bereits bei den Engeln anregte, könntest du diese mit deinen Kindern oder für sie selbst gestalten. Dazu nimmst du ein buntes, glänzendes Papier, aus dem du kleine Kärtchen schneidest. Diese beklebst du mit bunten Abziehbildern und schreibst eine lustige und aufbauende Botschaft darauf. Für die klare Kommunikation mit diesen Wesen gelten die gleichen Anregungen wie mit allen anderen feinstofflichen Geschwistern: Du verbindest dich mit dem Wesen der Liebe, das du bist, und dann lädst du vielleicht die Fee deiner Zimmerpflanze zu dir ein und kannst dich dann angeregt mit ihr unterhalten. Wenn es dir genug zu sein scheint, bedankst du dich bei ihr. Danach erdest und zentrierst du dich im Hier und Jetzt wie gewohnt. So kannst du Fragen stellen, deine Bitten übergeben oder Anliegen vortragen.

Feen und Naturwesen lieben alles, was glitzert und funkelt. Deshalb mögen viele Menschen, die einen regen Austausch mit diesen Wesen haben, auch alles, was glänzt und flittert. Ich persönlich mag gerne einen silbrigen oder goldenen „Staub“, den es mittlerweile in vielen Bastelläden gibt, und nutze ihn als Feenstaub der Freude und der Leichtigkeit. Diesen kannst du zum Beispiel, nachdem du einen Wunsch gesprochen hast, fleißig verstreuen, damit dieser leichter in die Manifestation und in die Umsetzung gebracht werden kann.

Genauso gern hänge ich bunte Bänder auf, sowohl im Haus als auch im Garten, in dem Bewusstsein, dass das ein Symbol der Verbundenheit, der Einheit mit dem Naturreich ist. Wenn du dabei mehrere Bänder innerhalb eines kleinen Rings zusammenknüpfst, kannst du dir bei jedem einzelnen etwas wünschen, oder aber du sprichst eine Segnung, die eine klare Wahrnehmung und Zusammenarbeit mit den Feen und Elfen beinhaltet und fördert. Wenn bunte Bänder, Klangspiele, Regenbogen-Kristalle im Haus und Garten verteilt sind, freuen sich nicht nur die Menschen daran, sondern auch deine feinstofflichen Freunde.

Da die Naturwesen einen Austausch für ihre Unterstützung möchten, eignen sich solche bunten Spielereien natürlich auch hervorragend dazu.

Wenn es dir Freude bereitet, kannst du in deinem Garten ein Geldbäumchen pflanzen. Dabei ist es wichtig, dass du einige Münzen beim Setzen des Baumes mit in die Erde vergräbst und sie den Zwergen schenkst, die du bittest, von nun an deinen finanziellen Fluss zu regeln. Bei dieser Gelegenheit wäre es auch möglich, ihnen noch ein paar Steine mitzuschenken, die du ebenso in die Erde gibst. Wenn du keinen Garten hast, nimmst du einfach einen Blumentopf, säst einen Samen und gibst so ein bisschen Geld mit hinein in die Erde, damit die Naturwesen dich auf diese Art unterstützen können. Oder aber du nähst dir ein kleines Säckchen, gibst dort ein wenig Geld hinein. Wenn du dich mit Feng Shui auskennst, kannst du es in die Wohlstands- oder Reichtumsecke hängen oder legen. Auch dabei bittest du die Zwerge, sich um dieses Geld zu kümmern, damit es sich vermehrt und du und deine Lieben in finanzieller Zufriedenheit leben können.

Meine Beobachtung ist, dass Kinder es generell lieben, dem Wachstum von Pflanzen zu folgen. Was wäre also besser geeignet, als Samen in einen Blumenkasten oder im Garten zu setzen und dabei die Feen und Elfen einzuladen, über Pflanzendevas zu erzählen und so dem Kind den Zugang in diese Welt zu weiten.

Noch eine Anregung, die ich dir gerne mitgeben möchte, habe ich in England vor vielen Jahren entdeckt. An heiligen Orten, an Kraftplätzen, sehr häufig in der Nähe einer früheren Kirche oder einer Quelle gibt es die *Wishing Well Trees* (= Wunschbäumchen).

Du siehst, der Kontakt mit den Naturwesen hat immer viel mit deinen Wünschen und deren Umsetzung zu tun. Wenn Menschen zum Beispiel Hilfe benötigen bei der Heilung einer Disharmonie, wenn sie darum bitten möchten, ein gesundes Kind zu empfangen, wenn sie eine neue erfüllende Partnerschaft leben oder wenn sie einfach Klarheit, Zielgerichtet und andere Qualitäten für ihr Leben lernen möchten, dann gehen sie mit einem Faden, einem bunten Band oder einem Stück von ihrem alten T-Shirt zu diesem Baum. Dort wird das Anliegen den „guten Geistern“ durch das Anknüpfen der Schnur oder des Stoffes übergeben. Danach kannst du ein Lied singen oder den Wesen und Kräften des Ortes ein anderes Geschenk machen, zum Beispiel in Form eines Steins oder eines Gebets, das du sprichst. Das machst du als Dankeschön und als Ehrung und Anerkennung der Energien dieses Platzes.

So einen *Wishing Well Tree* kannst du dir natürlich auch in deiner Wohnung oder in deinem Garten oder irgendwo in deiner Umgebung erschaffen. Schön wäre es, wenn ihn auch deine Freunde und andere Menschen nutzen könnten.

Bevor du den Baum oder die Pflanze als Wunscherfüllungsgehilfe das erste Mal nutzt, ist es empfehlenswert, eine Einweihungszeremonie zu machen. Diese kannst du allein oder mit Freunden auf eine Art und Weise zelebrieren, die dir gefällt. Dabei geht es um die Einladung der Kräfte, um das Willkommenheißen hier an diesem Ort. Du bittest die Naturwesen, dich von nun an bei der Umsetzung deiner Wünsche zu unterstützen und widmest die Pflanze dieser gemeinsamen Aufgabe. Auch in diesem Fall schenkst du den Wesen aus dem Naturreich etwas als Dankeschön für ihr Tun und Sein. Dann knüpfst du das erste bunte Band in die Pflanze, bedankst dich bei all deinen Wesen und übergibst somit den Baum seiner neuen Bestimmung. Du erdest dich und zentrierst dich so, wie es dir entspricht und gut tut.

Im Anschluss daran kannst du noch ein kleines Fest feiern, mit Musik, feinem Essen, so wie du möchtest, in dem Bewusstsein, dass die Wesen dieses Ortes sicher mit dir mitfeiern werden.

Eine weitere Möglichkeit, mit deinen Kindern den Kontakt zur Feenwelt auszubauen, ist, wenn du im Wald spazieren gehst und Feenhäuser suchst.

Ich kann mich noch an meine Kindheit erinnern, als ich das liebte, und seit ich das mit Rowena und Jona mache, sehe ich die Feen auch wieder. In den vielen Jahren dazwischen sind sie mir nicht mehr aufgefallen. Diese Feenhäuser oder Elfenplätze im Wald sind häufig bei großen Steinen oder bei Baumwurzeln zu finden. Manchmal haben Kinder geholfen, sie aus Tannenzapfen, Moos und kleinen Ästen zu bauen. Eine liebe Freundin und ausgezeichnete Fotografin macht sich immer wieder auf den Weg, um diesen Zauber auf ihren Bildern einzufangen, was ihr auch wunderbar gelingt. Und wenn deine Kinder schon größer sein sollten und ebenso gerne fotografieren, könntest du auch auf diese Art und Weise den Zugang zur Feenwelt fördern.

Vielleicht hast du aber auch Lust, mit deinen Kindern im Garten, auf einer Wiese, auf dem Schulhof etc. ein Medizinrad zu bauen. Dazu gibt es ein Buch, das bei den Empfehlungen zu finden ist (*Jacomo baut ein Medizinrad*). Bei einem Medizinrad baust du mit Steinen einen Kreis nach einem bestimmten Rhythmus im Einklang mit den Himmelsrichtungen und den Kräften der Natur. Du kannst einen Steinkreis für dich und für ein Thema, das dich beschäftigt, bauen; für andere Menschen; für die Erde, und, und, und. Wenn du das Medizinrad in deinem eigenen Garten baust, kannst du anschließend diesen Ort immer wieder besuchen, um dich zu erholen, aufzutanken und dich mit deinen Wurzeln zu verbinden. Je nachdem, wo und zu welchem Anlass du das Rad erbaut hast, ist es auch sinnvoll, es wieder aufzulösen und bei Bedarf ein neues zu errichten.

Bei allen Anregungen in diesem Buch ist es wichtig, dass du deine Entscheidungen immer im Bewusstsein des Wesens der Liebe, das du bist, triffst. Kein anderer Mensch oder feinstoffliches Wesen wird bitte gedrängt, bei etwas mitzumachen, wenn es keine Lust dazu hat bzw. es für ihn im Moment nicht stimmig ist. Das beinhaltet für mich auch, dass du, wenn du im Freien ein Ritual machen möchtest, die Wesen, die dort leben, mit einbeziehst, ob das auch in ihrem Sinne ist. Wenn du ein „Nein" erhältst, kann es sein, dass du einfach einen anderen Ort wählen solltest oder aber auch, dass es um das, was du gerade vorhast, im Moment für dich nicht geht, sondern eine andere Aufgabe auf dich wartet.

Gerade im Zusammenhang mit der Natur und ihren Wesen kannst du so viel mit deinen Kindern kennen lernen und unternehmen.

Durch diese „Spiele“ mit dem Naturreich bekommen Kinder auf eine spielerische Art und Weise ein Gefühl für das Gleichgewicht zwischen Geben und Nehmen. Es hilft ihnen, ihre eigenen Energien auszugleichen, und so können sie leichter mit einem Überschuss umgehen, der sich sonst vielleicht als Wutausbruch äußern „muss“.

Über den Kontakt zum Reich der Natur kommen Menschen leichter in ihrem Körper an. So sind auch alle Anregungen in diesem Kapitel unabhängig vom Alter für alle Menschen möglich. Über die Kommunikation mit der Erde und ihren feinstofflichen Hütern lernen wir alles, was wir brauchen, um uns in uns und hier auf der Erde wohl zu fühlen. Die Schwingung der Erde verändert sich, wie sich auch die unsrige verändert, zu einer gemeinsamen Entwicklung in ein fünfdimensionales Bewusstsein. So erhalten wir über den Kontakt mit der Erde auch immer gerade das, was uns aufgrund der momentanen Zeitqualität am dienlichsten ist.

Ganz allgemein hat sich in meiner Wahrnehmung der Austausch mit der Erde dahingehend verändert, dass ich beim Erden nicht mehr Wurzeln wachsen lassen „kann“, sondern die Erde als Ganzes aufsteigt und in mir ist. Ich atme Erde ein, ich bin Erde. Das ist für mich auch ein Ausdruck dieser Zeit.

Doch nun zurück zu den Feen und Elfen. Ganz allgemein kannst du Naturwesen in Situationen oder in Räume, wie zum Beispiel in ein Klassenzimmer, einladen, damit dort mehr Freude am Sein ist und Leichtigkeit Raum nehmen kann. Das wiederum fördert das gesamte Betriebsklima und die Art und Weise, wie ein Lehrstoff vermittelt wird, wie er aufgenommen und verstanden werden kann. Dennoch möchte ich dich bitten, achtsam zu sein, wenn du Feen und Elfen einlädst. Es können auch zu viele Energien anwesend sein und einen gegenteiligen Effekt bewirken. Die Kinder und die großen Menschen reagieren aufgezwirbelt und unruhig darauf. In so einem Fall ist es ratsam, ein paar Wesen liebevoll und dankbar zu bitten, wieder zu gehen.

Die gleiche Achtsamkeit ist im Umgang mit Kobolden hilfreich. Auch diese Wesen bringen manchmal mehr Unruhe als Frieden mit. Dann ist es gleichfalls sinnvoll, mit der Wesenheit in Kontakt zu treten und sie mitunter auch wieder zu bitten, das Haus zu verlassen.

Für dich selbst kannst du immer wieder Feen- und Elfen-Energien einladen, um dich zum Beispiel zu unterstützen, allzu überholte oder strenge Sichtweisen über dich, andere und das Leben ganz allgemein aufzulockern. Mich lehren diese feinstofflichen Begleiter zum Beispiel immer wieder: Es gibt immer noch eine andere Möglichkeit. Es gibt immer auch noch einen anderen Weg. Alles ist nur ein wunderbares Spiel!

Systeme des Übergangs entwickeln und einige Modelle vorstellen

Jeder Mensch hat seine Aufgabe und seinen Ort, an dem er sie optimal umsetzen kann. So ist es für viele von uns wichtig, mit den bestehenden Einrichtungen in die Aussöhnung zu gehen und sie dadurch zu verändern. Anregungen dazu, habe ich, denke ich in den vorangegangenen Kapiteln bereits zur Genüge genannt. Andere von uns sind dazu aufgerufen, neue Wege zu kreieren und Kindergruppen, Schulen etc. selbst zu gründen. Was dein Beitrag ist, wird dir das Wesen der Liebe, das du bist, sicher gerne sagen.

Gerade in der Zeit, als das erste Buch über die *Kinder der Neuen Zeit* herauskam, hatten wir ein größeres Angebot für Kinderseminare im Lichtgarten, und es war uns auch ein Anliegen, Kontaktkreise mit Eltern zu initiieren. Weiterhin stand auch die Überlegung im Raum, wenn Rowena und Jona älter sein würden, es vielleicht auch für uns stimmig wäre, eine eigene Schule zu entwickeln. In dieser Zeit beobachteten bzw. hörten wir immer wieder von Menschen, die ähnlich fühlten und dachten. Mittlerweile hat sich wieder vieles verändert. Im Moment machen Antan und ich keine speziellen Seminare für Kinder mehr. Und auch die Kontaktkreise für Eltern haben sich ausgelaufen. Ich weiß in der Zwischenzeit klar, dass es auch nicht meine Aufgabe sein wird, eine eigene Schule zu gründen, sondern vielmehr zu vermitteln und Bestehendes miteinander zu verweben.

Meine Beobachtungen bei anderen Menschen, die zum Beispiel Schulprojekte umsetzen wollten, sind teilweise vergleichbar. Viele haben sich etwas vorgenommen, das in der Praxis aber nicht zustande gekommen ist, und ich habe mir überlegt, warum. Ich habe für mich erkannt, dass einiges aus einem Glaubensatz der Trennung

–Ich-bin-mit-dem-bestehenden-nicht-einverstanden-und-deshalb-mache-ich-es-besser –

geboren war und somit in dieser Zeit, in der es um Vereinigung geht, nicht mehr funktionieren kann. Und ich erkannte für mich weiter, dass die Art des Lernens in der neuen Zeit so anders sein wird, dass die Versuche, die wir jetzt für das neue Bewusstsein erarbeiten wollen, nur ein kleiner Schritt in diese Richtung darstellen können. Darüber wurde mir klar, dass es gar nicht so viele Neugründungen brauchen wird, weil es teilweise eben auch unsere Aufgabe ist, das, was bereits ist, mitzunehmen und so den neuen Morgen zu kreieren.

Da ich beruflich oft in Freising bin, lernte ich Ute kennen, die Mitbegründerin des dortigen Naturwaldkindergartens „Zwergenwinkel". Mir gefiel und gefällt ihre Art, ihre Engagement und ihre Grundidee so gut, dass ich sie dir hier gerne vorstellen möchte.

Ute erzählte, dass sie als Ergotherapeutin immer mehr Kindern mit sogenannten Teilleistungsstörungen, ADS und Hyperaktivität begegnet. Sie meinte, dass das alles wunderbare Kinder seien, die einfach nicht mit den üblichen Angeboten der Kindergärten und Schulen mitgehen könnten und wollten. Das war einer der Auslöser gewesen, warum Ute beschloss, sich selbständig zu machen.

In dieser Zeit lernte sie auf einem Vortrag die Idee der Waldkindergärten kennen, und da sie diese so berührte, war ihr klar, dass die Gründung eines solchen Kindergartens ihre Aufgabe sein würde. So schaffte sie gemeinsam mit anderen engagierten Menschen einen Ort für Kinder, in dem diese Raum haben sollten, ihre eigene Spiritualität zu entdecken, ihre individuellen Stärken und Potenziale zu entwickeln und sich dennoch als Teil einer Gruppe, eines größeren Ganzen wahrzunehmen.

Durch Spiele mit Farben und Energien, Meditationen, Traumreisen. Gespräche mit Naturwesen und Pflanzengeschwistern und freiem Toben, Laufen und Klettern wird die Balance gehalten zwischen dem ihnen innewohnenden Freiheitsdrang und den (noch) geltenden Regeln unserer Gesellschaft. Dabei versuchen Ute und ihr Team, die Kinder mit ihrer Grundenergie (ihren Stärken, ihren Geschenken für die Welt, ihre Herkunft etc.) zu verstehen und diese Wahrnehmungen auch bei Konfliktlösungen mit einzubeziehen.

Das Konzept des Waldkindergartens bedeutet für die Kinder, frei sein zu dürfen in ihrem Ausdruck und in ihrer Entwicklung, und dennoch sind die begleitenden Menschen bei Bedarf tragend und weisend. Ute erzählte, dass manche Eltern dieses bewusst unterstützen, sich andere hingegen nicht darum kümmern würden.

Der Naturwaldkindergarten hat sich zum Ziel gesetzt, die Impulse der Kinder zu achten, ihr Selbstvertrauen und ihre Eigenverantwortung, die Kreativität und das Bewusstsein, dass wir Menschen in der Natur nicht alleine sind, zu fördern.

Woher kommt nun diese Idee der Waldkindergärten?

Es ist ein Modell, das in Dänemark entwickelt wurde und dort seit zwanzig Jahren etabliert ist. In Deutschland gibt es seit 1993 Waldkindergärten, die auf ähnlichen Grundsätzen wie der „Zwergenwinkel" aufgebaut sind.

Die Kinder sind täglich, dem jeweiligen Wetter entsprechend gekleidet, drei bis vier Stunden in der Natur. Dort können sie sich austoben und mit all dem spielen, was sie im Wald entdecken. Die Kinder lernen so auf spielerische Art und Weise die Natur kennen und auch etwas über ihre Verbundenheit damit. Die Berücksichtigung der Einheit von Körper, Geist und Seele der Kinder steht im Vordergrund. Dabei ist auch immer wieder die Bereitschaft der Betreuer und Begleiter gefordert, sich selbst zu reflektieren und bereit zu sein, sich zu verändern und zu entwickeln, um so gemeinsam mit den Kindern zu wachsen. Falls du noch mehr über Waldkindergärten wissen möchtest, findest du am Schluss Kontaktadressen.

Als Rowena und Jona kleiner waren, hatten wir zweimal wöchentlich eine Spielgruppe im Lichtgarten initiiert, die von einer liebevollen Kindergärtnerin geleitet wurde. In Innsbruck haben wir keinen Waldkindergarten, der täglich stattfindet, sondern die Waldgruppe „7 Zwerge" an einem Nachmittag in der Woche. Als die „Lichtgarten-Kindergruppe" auslief, besuchten Rowena und Jona diese Waldgruppe. Ich war erstaunt, wie gut es beiden gefiel. Vor Jahren hatte ich im Fernsehen einen Bericht über Waldkindergärten gesehen. Dabei marschierten kleine Menschen mit ihren gelben Regenmänteln durch die Natur, und ich konnte mir nicht vorstellen, dass das Freude bereiten sollte. Mittlerweilen wurde ich eines Besseren belehrt. Denn, wie gesagt, Rowena und Jona liebten ihre Waldgruppe und sie tat ihnen auch sehr gut.

Dann wurde es Zeit, an einen Kindergarten zu denken, und auch hier entwickelte sich alles wunderbar einfach, fließend und für alle Beteiligten stimmig. Beide sind jetzt in einer „Kinderwerkstätte", die ihnen sehr gefällt. Es ist eine kleine, familiäre Gruppe in einem Haus mit großem Garten und zwei lieben, engagierten Menschen, die die Kindergruppe leiten und führen. Für mich ist dieses „Projekt" die Weiterführung der Idee des Waldkindergartens.

Die Kinderwerkstätte beruht auf den Impulsen von Montessori, Wild und Pikler, das sind Vorreiter im Umgang mit Kindern; im Anhang habe ich Literaturhinweise angeführt.

Was ich persönlich an der Kinderwerkstätte mag ist, dass auch hier die Begleiter bereit sind, sich weiterzuentwickeln. Sie nehmen zwar einen Ansatz von Montessori, stimmen diesen aber auf die jetzige Zeit und die anwesenden Kinder ab. Somit ist es ein fließendes „System", das ständig weiter wächst.

Auch dort haben die Kinder viel Freiraum, sich selbst täglich immer wieder aufs Neue zu entscheiden, was sie heute tun möchten. Ob sie drinnen oder draußen spielen, ob sie bauen, malen, musizieren, kochen oder klettern wollen. Die Kinder können frei wählen. Interessen der Kinder werden erkannt und mit eingebaut.

So zeigte beispielsweise eines der Kinder seine Faszination für Feuer. Dieser Impuls wurde sofort aufgenommen und die Kinder gefragt, wer mit hinausgehen möchte, um dort im Garten ein Lagerfeuer zu entzünden. Der Grundgedanke ist, die Eigeninitiative zu stärken, den Kindern zu helfen, alles selbst zu tun. Dennoch gibt es auch hier klare Regeln, die Halt geben. Was ich persönlich auch stimmig finde ist, dass die Kindergruppe immer vormittags stattfindet. Das heißt: dadurch haben Rowena und Jona Raum, um ihre eigenen Erfahrungen zu sammeln, und am Nachmittag Zeit zum Verarbeiten bzw. um einfach mit der „Familie“ zu sein.

Für Rowena steht jetzt bald der Schulwechsel an. Und auch dieser formt sich wieder ganz leicht und fließend, denn wir haben in der Nähe von Innsbruck ein Schulprojekt, das quasi eine Fortsetzung zur Kinderwerkstätte ist. Es heißt „Lindenschule“.

Bereits seit 1991 gibt es diese Schule, in der die Menschen versuchen, eine Vision zu verwirklichen, die heißt: In Achtung vor der Würde des Kindes selbstbestimmtes Lernen in Freiheit. Die Idee ist, das es keine Prüfungen, Noten und keinen Leistungsdruck braucht, damit Kinder lernen. Lernen ist für Kinder etwas ganz Natürliches. In der Lindenschule gibt es eine „vorbereitete Umgebung“, also Werkstätten, Spielräume etc., wo die Kinder frei wählen können, mit wem und was sie machen möchten. Ganzheitliches Lernen steht im Vordergrund, und nicht nur etwas auswendig zu lernen. Auch hier gibt es klare Regeln, die ein freiheitliches Umgehen ermöglichen, wie beispielsweise, dass jedes Kind das, was es gebraucht hat, auch wieder aufräumen muss.

Seit 2003 sind auch Kinder mit besonderen Bedürfnissen, wie die Lindenschule es nennt (Kinder mit einem Down-Syndrom) ein Teil der Schulgemeinschaft. Diese Grundidee gibt es mittlerweile in vielen Ländern auf dieser Welt.

So, wie die Lindenschule geführt wird, werden sich in Zukunft, wie ich von der geistigen Welt weiß, Lernen bzw. Schulen entwickeln, und so wird es in der Neuen Zeit auch keine starre Stundenplaneinteilung und keine Benotung mehr geben. Die Freude am Sein und am Entdecken stehen im Vordergrund, um so die eigenen Stärken entwickeln zu können und sich dennoch als Teil einer Gemeinschaft zu erfahren, in die man sich einbringen und für die man auch etwas tun möchte.

Was mir persönlich an der Lindenschule noch gefällt ist, dass die Familien aus den unterschiedlichsten Bereichen kommen und sich so verschiedene Weltanschauungen unter einem Dach begegnen. Es ist für mich ein Ort der Vereinigung und der Kommunikation. Mit den in diesem Kapitel genannten Beispielen möchte ich dich erneut ermutigen, zu erkennen, dass es bestimmt auch für dich und dein Kind eine passende Möglichkeit in deinem näheren Umfeld gibt.

Visionen der Neuen Zeit erträumen

Alles einsteigen und anschnallen! Kommst du mit auf eine Reise in die Zukunft?

Alles ist möglich. Alles ist erlaubt.

Stell dir vor, dein Körper sei wie aus flüssigem Licht. Du kannst ihn mit Hilfe deiner Gedanken fester machen oder aber auch „fließender". Du kannst ihn zwar noch als weiblichen oder männlichen Körper beschreiben, doch das Geschlecht hat an Bedeutung verloren, zumal du weißt, dass du dieses selbst bald allein durch deine mentale Kraft beeinflussen kannst. Du wohnst in Räumen aus Klang und Farbe. Alles um dich herum vibriert. Mit vielen anderen Wesen bist du hier, und ihr erfreut euch an eurem gemeinsamen Sein.

Wenn ein neues Wesen gezeugt wird, geschieht dieses in Liebe, indem sich zwei Menschen begegnen, berühren und durchdringen. Dabei tauschen sie ihre Energien aus und daraus formt sich eine Lichtkugel, in der ein neues Wesen aus der Vereinigung der Kräfte wächst. Während dieses Lebewesen sich in seiner Energiekugel entwickelt, ist diese im vereinten aurischen Sein der beiden Menschen. Nach sehr kurzer Zeit ist der neue Mensch bereit, zu schlüpfen, die Energiekugel öffnet sich und er sinkt sanft in die Arme der Eltern, die ihn willkommen heißen. Alle Menschen, in der Zwischenzeit sind auch andere gekommen, vereinigen ihre Energien zu einem großen, nährenden, tragenden, wärmenden Kreis, um das neue Leben in ihrer Gemeinschaft zu begrüßen. Über diese energetischen Berührungen nimmt der neugeborene Mensch bereits die ersten Informationen auf, die er braucht, um sich rasch zu entwickeln, und so kann er innerhalb weniger Tage sprechen und auch laufen. Sein Körper wächst. Seine Nahrung ist die unendliche und liebende Energie, die ihn überall umgibt.

Seine Zeit des Lernens beginnt nach ein paar Tagen und sieht so aus: Es gibt verschiedene Räume, die durch Farben, Klänge und Kristalle energetisch aufgebaut wurden und in denen unterschiedliches Wissen übertragen und gelehrt wird. Es gibt keine fixen Zeiten und keine Strukturen. Der sich entwickelnde Mensch wählt frei, wann er wo und wie lange sein möchte. Er entscheidet sich aufgrund seiner Interessen, Fähigkeiten und seinem Potenzial. Die Räume des Lernens sind immer für alle offen und auch nicht auf einen bestimmten Ort fokussiert, sondern in den verschiedenen Teilen der Stadt ins alltägliche Leben integriert.

Nach einigen Jahren, so würden wir diese Zeitdauer heute benennen, ist der neue Mensch vollkommen „erwachsen“. Die Wesen, durch deren Vereinigung er ins Leben gerufen wurde, haben sich wieder voneinander gelöst. Sie könnten sich jetzt erneut vereinigen, um Leben zu zeugen, oder sie tun dieses mit jemand anderem aus der Gemeinschaft.

Jedem einzelnen Wesen liegt das Wohlergehen der gesamten Gruppe am Herzen, und so unterstützt er diese nach bestem Wissen und Möglichkeiten. In dieser Form *des Zusammenlebens gibt es keine Unzufriedenheit, kein Konkurrenzverhalten etc. mehr. Jeder Mensch erkennt seine Fähigkeiten und weiß, dass alles Leben ein wundervolles Spiel ist, an dem er sich erfreuen kann und das er mitgestaltet durch sein Sein.*

Und du erlaubst dir nun bitte wieder einen tiefen Atemzug zu nehmen und erfüllt von den neuen Eindrücken vollkommen im Hier und Jetzt zu landen. Erlaube dir, wieder zentriert und geerdet in der Gegenwart zu sein.

Na was würdest du zu dieser Zukunft sagen? Gefällt sie dir? Dann kreiere sie mit. Gefällt sie dir nicht, dann erschaffe dir eine andere!

☆☆☆☆☆

Abschließende Worte

Eigentlich glaube ich, dass ich jetzt gar nichts mehr zu ergänzen weiß und habe. Uneigentlich möchte ich dich nochmals daran erinnern, dass du darauf vertrauen oder einfach wissen kannst, dass es immer eine Vielzahl von Möglichkeiten in allen Lebenslagen und Bereichen deines Lebens gibt, aus denen du wählen kannst. Einige Anregungen habe ich dir in diesem Buch gegeben, und nun ist es an der Zeit, diese auszuprobieren und selbst auf deine eigene Art und Weise weiterzuentwickeln. Das, was wir Menschen im Moment wohl lernen dürfen, ist, vermehrt und immer wieder aus der Wertung zu gehen, und zwar im Bezug zu allem, was uns jeden Tag begegnet. Das Geschenk davon ist Freiheit, und diese erleichtert uns, glaube ich, unser Leben ganz allgemein und das Sein in unseren Familien und Gemeinschaften, in denen wir uns bewegen.

Das beinhaltet für mich beispielsweise auch, dass du bei der „Erziehung“ deiner Kinder nichts falsch und auf der anderen Seite auch nichts richtig machen kannst. Du hast einfach verschiedene Möglichkeiten, und du kannst immer wieder fühlen, wissen, sehen, was dein Herz, also das Wesen der Liebe, das du bist, dazu sagt. Generell dürfen wir wohl auch alle noch mehr oder weniger üben, nicht so viel an uns und an anderen zu zweifeln. Alles einfach kommen zu lassen, wie es kommt, und dadurch annehmen. Manchmal erscheint uns das nicht so einfach zu sein, und dennoch ist gerade das im Grunde wieder einfach. Du kennst sicher das Bild eines Orkans und weißt, dass in seiner Mitte Stille ist. Also, wenn die Winde deines Lebens wehen, kannst du dennoch in dir ruhen, in deinem Herzen, in dem Wissen um und der Wahrnehmung der Einheit mit dem Wesen der Liebe, das du bist. In diesem Sein ist alles gut und wird sich prächtig entwickeln.

Und nun, am Ende dieser Seiten, möchte ich mich noch bei allen fein- und grobstofflichen, großen und kleinen Helfern und Begleitern für die Möglichkeit der Umsetzung dieses Buches herzlich bedanken, allen voran Mara Ordemann und ihrem Smaragd-Dream-Team. Und ich wünsche uns allen abschließend einfach viel Freude am Sein.

☆☆☆☆☆

Einige Buchempfehlungen

Anselmi, Reindjen: *Der Lichtkörper*, Assunta Verlag

Barrios, Enrique: *Ami – der Junge von den Sternen*, Ch. Falk Verlag

Bergoint, Marie-Louise: *Märchenhaftes Tarot*, Schirner Verlag

Byron, Katie; Mitchell, Stephen: *Lieben was ist*, Goldmann Verlag

Cabobianco, Flavio: *Ich komm' aus der Sonne*, Ch. Falk Verlag

Diem, Angelika, Szesny Susanne: *Für mich bist du der Beste!*, edition albarello

Diem, Angelika, Szesny Susanne: *Gut so, Hexe Pollonia*, edition albarello

Dietrich, Barbara: *Abschied von Papa*, Smaragd Verlag

Dietrich, Barbara: *Mach's gut, liebe Omi*, Smaragd Verlag

Engelkarten, Greuthof Verlag

Ferber K., Sandra: *Hexen Einmaleins für freche Mütter*, Sphinx Verlag

Gawain, Shakti; King, Laurel: *Stell dir vor*, Heyne Verlag

Günther, Sybille: *Bei Zwergen, Elfen und Trollen*, Ökotopia Verlag

Großer Bär, *Kleine-Kinder-Mandalas*, Schirner Verlag

Hehenkamp, Carolina: *Der Indigo Ratgeber*, Schirner Verlag

Hehenkamp, Carolina: *Das Indigo Phänomen*, Schirner Verlag

Holitzka, Klaus: *Kinder-Mandala-Welten 1*, Schirner Verlag
Holitzka, Klaus: *Kinder-Mandala-Welten 2*, Schirner Verlag
Holitzka, Klaus: *Kinder-Tarot*, Schirner Verlag
Hunziker, Bernhard: *Erwachen zum kosmischen Menschen*, Smaragd Verlag
Langen, Annette, Droop, Constanza: *Briefe von Felix*, Coppenrath Verlag
Langreuter, Julia, Sobat, Vera: *Da kommt der kleine Troll*, ars edition
Liedloff, Jean: Auf der Suche nach dem verlorenen Glück, Beck Verlag
Lörler, Marielu; Schmidt, Georg: *Jacomo baut ein Medizinrad*, Ch. Falk Verlag
Mager, Marcia Zina: *Das Feen - Geschenk*, Ansata Verlag
Mehringer-Sell, Isolde: *Reinkarnationstherapie mit Kindern*, Schirner Verlag
Minatti, Antan: *Kiria Deva und das Kristallwissen aus Atlantis*, Smaragd Verlag
Minatti, Antan: *Kiria Deva und Elyah, Kristallwissen – der Schlüssel aus Atlantis*, Smaragd Verlag
Minatti, Ava: *Die Kinder der Neuen Zeit*, Smaragd Verlag
Minatti, Ava: *Heilung für das Innere Kind*, Smaragd Verlag
Minatti, Ava: *Feen, Elfen und Zwerge*, Smaragd Verlag
Mohr, Bärbel: *Bestellungen beim Universum*,
Omega Verlag
Mohr, Bärbel: *Reklamationen beim Universum*,
Omega Verlag
Mohr, Ursula; Rinsche, Peter: *Das Astrologiebuch für Kinder*, Ch. Falk Verlag

Monson, Diana, Briswalter, Maren: *Winterlicht, Das andere Weihnachtsbuch*, Esslinger Verlag
Monson, Diana, Briswalter, Maren: *Frühlingsreigen, Das andere Osterbuch*, Esslinger Verlag
Monson, Diana, Briswalter, Maren: *Ernte-Sommer, Das andere Sommer- und Herbstbuch*, Esslinger Verlag
Montessori, Maria: *Hilf mir, es selbst zu tun*, Auer Donauwörth Verlag
Montessori, Maria: *Kinder sind anders*, Auer Donauwörth Verlag
Montessori, Maria: *Lernen ohne Druck*, Herder Verlag
Ohlig, : *Luna Yoga*, Goldmann Verlag

Pabst, Ingrid; Riedl Konny: *Die tollsten Kinderfeste für drinnen und draußen*, Schwager & Steinlein Verlag
Pikler, Emmi: *Lasst mir Zeit*, Pflaum Verlag
Ponder, Catherine: *Die dynamischen Gesetze des Reichtums*, Goldmann Verlag
Pradella, Rosanna: *Was macht die kleine Hex' morgens früh um sechs?*, Pestalozzi Verlag
Preuschoff, Gisela: *Geborgen im Jahreskreis, Rituale mit Kindern*, Kreuz Verlag
Rinkenbach, Iris: *Spirituelle Geburtsvorbereitung*, Schirner Verlag
Sautter, Christiane: *Dein Engel und du*, Ch. Falk Verlag
Shahastra: *Der wunderbare Regenbogenmann und die Reise der Liebe*, Edition Sternenprinz
Solara: *Dein Sonnenengel und wie du ihn erweckst*, Ch. Falk Verlag

Solara: *El An Ra – Die Heilung des Orion*, Ch. Falk Verlag
Spathelf, Bärbel, Szesny, Susanne: *Ein Bär von der Schnullerfee*, edition albarello
Spathelf, Bärbel, Szesny, Susanne: *Der kleine Zauberer Windelfutsch*, edition albarello
Spathelf, Bärbel, Szesny, Susanne: *Philip und der Daumenkönig*, edition albarello
Spathelf, Bärbel, Szesny, Susanne: *Der kleine Aufräumfix*, edition albarello
Spathelf, Bärbel, Szesny, Susanne: *Die Zahnputzfee*, edition albarello
Spathelf, Bärbel, Szesny, Susanne: *Jetzt wird aber geschlafen!,* edition albarello
Stein, Lisa und Hilde: *Wellen der Liebe*, Ch. Falk Verlag
Summer Rain, Mary: *Mutter Erde, Vater Wind und die Geheimnisse des Lebens*, Bauer Verlag
Thomson, Emma: *Felicity Wunschfee*, Moses Verlag
Virtue, Doreen: *Das Heil-Orakel der Engel*, Heyne Verlag
Vödisch, Barbara: *Einssein mit Gott*, Smaragd Verlag
Waldron, Linda: *Das Buch vom wahren Zaubern*, Ch. Falk Verlag
Wall, Vicky: Aura Soma. *Das Wunder der Farbheilung und die Geschichte eines Lebens*, H. Nietsch Verlag
Weber, Christin L.; Byron, Katie: *Schrei in der Wüste – das Erwachen der Byron Katie*, Kamphausen Verlag
Wild, Rebeca: *Erziehung zum Sein*, Arbor Verlag
Wild, Rebeca: *Kinder im Pesta*, Arbor Verlag

Kontaktadressen

Blaue Lichtburg
Seminare und Vertrieb
In der Steubach 1
D-57614 Woldert (Ww.)
Tel.: 0049-2684-978808
Fax: 0049-2684-978805
e-mail: info@blaue-lichtburg.de
www.blaue-lichtburg.de

Lichtgarten, Antan Minatti
Dr. Glatz Straße 27
A-6020 Innsbruck
Tel./Fax: 0043-512-361985
e-mail: office@lichtgarten.com
www.lichtgarten.com

Ava Minatti
Tel./Fax 0043-512-379204
e-mail: ava.minatti@utanet.at

Die Menschen und Vereine, die hier genannt werden, freuen sich über dein Interesse. Sie stehen dir für weitere Auskünfte gerne zur Verfügung, und die meisten von ihnen kommen auf Anfrage auch immer wieder gern zu Vorträgen etc. Wenn du den Impuls verspürst, sie beispielsweise finanziell unterstützen zu wollen, dann teilen sie dir sicher auch gerne eine Möglichkeit dafür mit. Denn das bedeutet die weitere Umsetzung einer Vision, deren Teil wir letztendlich alle sind.

Naturwald-Kindergarten Zwergenwinkel Freising
Ute Eckstädt
Tel.: 0049-179-4554286

Waldkindergarten Oberammergau
Manasha Ingrid Schlögel
An der Leiten 3
D-82433 Bad Kohlgrub
Tel./Fax: 0049-8845-703699

Nachmittags Waldgruppe Verein 7 Zwerge
Maria Kerber
Maria Theresien Straße 20
A-6020 Innsbruck
Tel.: 0043-512-570578

Kinderwerkstätte Grätschenwinkel
Priska und Steve Heitzer
Grätschenwinkelweg 25
A-6080 Igls
Tel.: 0043-512-378907
e-mail: steveheitzer@hotmail.com

Lindenschule
Schule mit Öffentlichkeitsrecht
Unterdorf 80
A-6073 Sistrans
Tel.: 0043-512-360439
e-mail: lindenschule@chello.at
www.lindenschule.at

Cäcilia Brodesser
Institut33 für Pädagogik und Energiearbeit
Beringgasse 25/4/28
A-1170 Wien
Tel.: 0043-1-4847262
e-mail: caecilia.brodesser@institut33.at
www.institut33.at

(Cäcilia ist eine Vermittlungsstelle für Infos und Angebote rund um das Thema *Kinder der Neuen Zeit*. Sie selbst macht viel Einzel- und Gruppenarbeit mit und für Kinder und Eltern. Ein weiterer Schwerpunkt ihrer Tätigkeit ist die Öffentlichkeitsarbeit, wo sie in Österreich und Deutschland immer wieder in Schulen eingeladen wird.)

Ava Minatti

Heilung für das Innere Kind

192 Seiten, broschiert, ISBN 978-3-934254-37-4

Das heile, Innere Kind ist ein Teil in uns, der voller Lebensfreude, Neugierde, Vertrauen und Liebe ist. Wurde es verletzt, agieren wir nicht mehr frei, sondern reagieren ängstlich, trotzig wütend oder traurig. So finden sich in diesem Buch zahlreiche Botschaften, Anregungen und Übungen aus der geistigen Welt, wie Sie sich von der Identifikation mit Ihren schmerzhaften Erfahrungen lösen und sich auf Ihr heiles Inneres Kindsein einlassen können.

Ava Minatti

Die Kinder der Neuen Zeit – Strahlende Funken des Lichts

196 Seiten, broschiert, ISBN 978-3-934254-23-7

Immer mehr Kinder werden weltweit geboren, die bereits mit einem neuen Bewusstsein zur Welt kommen und somit Verhaltensweisen an den Tag legen, die „anders" sind. Ava Minatti, selbst Mutter von zwei "neuen" Kindern, erzählt von ihren persönlichen Erfahrungen in der Schwangerschaft, bei der Geburt und im Alltag mit diesen Kindern und bietet viele praktische Anregungen, Übungen und Meditationen. Mit Botschaften aus der geistigen Welt, u.a. von Engeln und des Aufgestiegenen Meisters Hilarion.

Ava Minatti

Engel helfen heilen

Lass deine Flügel wieder wachsen

400 Seiten, A 5, broschiert
ISBN 978-3-938489-06-2

Viele der uns vertrauten Engel sprechen zu den unterschiedlichsten Themen:
So laden uns Raphael, Uriel, Gabriel und Michael in ihren Botschaften ein, uns mit den vier Elementen Erde, Feuer, Luft und Wasser auszusöhnen. Metatron spricht über die Liebe, und Melchisedek über die Weisheit, während uns Ariel hilft, unser inneres göttliches Licht zu erkennen und strahlen zu lassen. Chamuel befasst sich mit dem Thema „Partnerschaft in der Neuen Zeit" und Zadkiel mit der Kraft der Transformation und dem Licht der Gnade.
Eine Begegnung mit unserem Schutzengel wartet auf uns ebenso wie unser Mond- und unser Sonnenengel.
Wie immer, wenn wir sie darum bitten, helfen uns die Engel dabei, die momentanen Veränderungen zu verstehen und in unserer Mitte zu bleiben, was auch immer geschieht.
Mit wunderschönen Meditationen und Durchsagen von der Engelebene.

Antan Minatti

Kiria Deva und Elyah

Der Lebensschlüssel – Kristallwissen von Atlantis

216 Seiten, A 5, broschiert, ISBN 978-3-938489-05-5

Kiria Deva, eine Kristallwesenheit aus Atlantis, und Elyah, eine Sternenwesenheit von Kassiopeia, führen uns weiter in das komplexe und holistische Programm des Atlantischen Schlüssels ein, das in „Kristallwissen, der Schlüssel von Atlantis" begonnen wurde. Der Lebensschlüssel, sechs Bergkristalle und ein roter Turmalin mit einer vielfältigen Programmierung, befreit alle lebensverneinenden Aspekte aus unserem System und erlaubt uns so einen tiefen Zugriff auf alle Ebenen unseres Seins. Das gibt uns die Chance, auf dem Weg aus der Dichte der Dritten in die Fünfte Dimension unsere Gesamtheit und unser Eines Heiles Sein immer umfassender zu erfahren.

Claire Avalon

Atlantis - Begegnungen mit den Wächtern von Eden

Arbeitsbuch 1 - 4

280 Seiten, gebunden, mit Lesebändchen
ISBN 978-3-934254-73-2 (Buch 1)
296 Seiten, gebunden, mit Lesebändchen
ISBN 978-3-934254-87-9 (Buch 2)
320 Seiten, gebunden, mit Lesebändchen
ISBN 978-3-938489-15-4 (Buch 3)
304 Seiten, gebunden, mit Lesebändchen
ISBN 978-3-938489-17-8 (Buch 4)

Diese Arbeitsbücher sind die praktische Umsetzung von „Die zwölf göttlichen Strahlen", in dem die Strahlen 1-3 bzw. 4-6, 7-9 und 10-12 behandelt werden. Einfühlsame Texte und tiefgehende Meditationen der einzelnen Priester führen uns zurück nach Atlantis, wo wir frühere Aufgaben, Talente oder Tätigkeiten anschauen und die Erkenntnisse in den Alltag mitnehmen können. Die Priester richten sich liebevoll und in einer für sie verständlichen Sprache auch an Kinder ab etwa 10 Jahren, die hier Hilfe für sich und ihre Probleme finden, was dieses Buch so besonders macht. Ein wichtiges Buch für jeden und eine wunderbare Hilfe für spirituell aufgeschlossene Eltern, Erzieher und Lehrer.

Susanne Sejana Kreth

Das Erbe von Atlantis

104 Seiten, A5, broschiert, ISBN 978-3-938489-28-4

Neue Recherchen über Atlantis, die alle Quellen, die je über dieses Thema berichtet haben, berücksichtigen.
Von der Antike bis in unsere Zeit spinnt die Autorin einen roten Faden, der sich auf die aktuellen Prozesse bezieht, die wir Menschen im Moment durchleben: Das Erbe und das Karma von Atlantis. Sie verknüpft auf spannende Weise altes atlantisches Wissen mit eigenen Erlebnissen, die sie mit Atlantis und seinem/ihrem Karma hatte.
Atlantis – ein Mysterium, das die Menschen heute mehr denn je fasziniert, da wir alle das Erbe von Atlantis in uns tragen!

Barbara Bessen
KRYON – Vertraue in Gott
240 Seiten, A5, broschiert
ISBN 978-3-938489-22-2

In seiner gewohnt humorvollen und eindringlichen Weise erklärt KRYON, wie wir es schaffen können, uns selbst immer besser zu erkennen und Kontakt zu unserem eigenen goldenen Engel, unserem Höheren Selbst, zu finden und das notwendige Vertrauen dafür zu entwickeln. Denn das Ziel – GOTT – liegt nicht im Außen, sondern in jedem von uns, da wir alle ein Teil von Gott sind.
Weiterhin verrät KRYON, warum wir erwachenden und suchenden Menschen im deutschsprachigen Raum inkarniert sind, welche Aufgaben uns hier erwarten und wie wir sie umsetzen können.

Patrizia Pfister
Leben und Ernähren im Regenbogenzeitalter
296 Seiten, Großformat, gebunden, mit Lesebändchen
ISBN 978-3-938489-09-3

Die Autorin stellt die Regenbogenernährung detailliert vor, ergänzt durch entsprechende Nahrungsmitteltabellen und Rezepte.
Durch zahlreiche Channelings, unter anderem von **KRYON**, den **Erzengeln Metatron, Gabriel** und **Uriel**, den **Aufgestiegenen Meister Sanandá, Lady Rowena, Sanat Kumara** und **Kuthumi**, erhalten wir neue Informationen über das menschliche Energiesystem, das 12-Chakrensystem und die damit zusammenhängenden Energiefelder. Themen, die mit den Chakren und den Energiefeldern zusammenhängen und sich in den jeweiligen Körperbereichen manifestieren, können somit erkannt und bearbeitet werden.
Ein ganzes Kapitel ist den verschiedenen Methoden zur Reinigung gewidmet, da Gesundheit, Wohlbefinden, der Verjüngungseffekt und der Kontakt „nach oben" direkt und indirekt von der Klarheit des Körperwassers abhängig sind.
Mit zahlreichen Rezepten, jeweils passend zu den entsprechenden Farben.

Michael Grauer-Brecht
Interview mit Elyah
392 Seiten, A5, gebunden, mit Lesebändchen
ISBN 978-3-938489-27-7

Elyah, eine Sternenwesenheit von Kassiopeia, gibt durch Michael Grauer-Brecht, mit dem sie vor einiger Zeit verschmolzen ist, nicht nur liebe- und humorvoll Antworten auf Fragen, die jeden Menschen bewegen, sondern bringt gleichzeitig Schwingungen in die Antworten, die sich mit der Energie des Lesenden verbinden und ihm so helfen, diese neue Sichtweise anzunehmen und im Alltag umzusetzen, denn dadurch bekommen wir Menschen die Chance, unsere Sicht zu verändern und das Sternenwesen zu erkennen, das wir letztendlich sind.

Margit Steiner

Meisterarbeit aus Lemurien

Symbole und Einweihungen

128 Seiten, gebunden, mit Lesebändchen
ISBN 978-3-938489-20-8

Bei dieser Methode, die ihren Ursprung in Lemurien hat, wird unser Chakrensystem feinstofflicher und seine Energie in Kristalllicht-Energie umgewandelt. Damit erschaffen wir unseren Lichtkörper und verankern dieses neue Muster tief in unserem Herzen, wo es dann in einem für jeden angemessenen Tempo zur Wirklichkeit wird und wir zu dem werden, was wir letztendlich sind: Reine Lichtwesen. Durch die Anbindung an das Christusgitter und den Erdheilungsprozess werden diese Energien auch an diejenigen weitergegeben, die wir erreichen dürfen.
Ein sehr wirkungsvolles Arbeitsbuch, und dennoch ohne aufwändige tägliche Übungen und komplizierte Anweisungen.

Eva-Maria Ammon

Aufgestiegene Meister *bringen* Heilung für die Welt

176 Seiten, A5, broschiert
ISBN 978-3-938489-19-2

Eva-Maria Ammon dient seit mehr als 20 Jahren als Channel Medium der Großen Weißen Bruderschaft, und so ist auch dieses Arbeitsbuch gemeinsam mit den Aufgestiegenen Meistern **Sanandá, St. Germain, Sanat Kumara, Lady Nada, Kwan Yin, El Morya** sowie dem **Erzengel Ezechiel** entstanden. Nach intensiver Klärungsarbeit erfolgt eine Einweihung von St. Germain in die Violette Flamme des Aufstiegs, um dann im nächsten Schritt mit Lady Kwan Yin Karma erlösen zu dürfen – altes wie auch neues, das wir im Alltag immer wieder neu kreieren können.
Diese wunderschönen Botschaften und Übungen sind daher für viele Menschen eine praktische Hilfe auf dem spirituellen Weg.

Kerstin Simoné

Thoth – Projekt Menschheit

384 Seiten, A5, gebunden, mit Lesebändchen
ISBN 978-3-938489-21-5

In "Projekt Menschheit" erklärt Thoth, der als ägyptischer Gott der Weisheit bezeichnet wird und uns aus Atlantis als Lehrer bekannt ist, anschaulich die grundlegenden Strukturen innerhalb unseres Universums und ihr Wirken auf das Schicksal der Menschheit. Er spricht u.a. über *Die sieben Siegel und ihre Tore, die Schöpfergötter, die Quellexistenzebene,* die *Blume des Lebens, die Aktivierung des Schlüssels zum Wissen, die Polarlichter, die 12-Strang-DNS*, aber auch eindringlich und dennoch immer liebevoll zum Thema *Tierhaltung, Fleischverzehr, Impfungen, störende Elektrofelder*, und gibt praktische Hinweise, wie wir die schädigenden Wirkungen all dieser Beeinflussungen unserer Göttlichkeit vermeiden bzw. ändern können.
Mit praktischen Übungen und Anrufungen.

Renate Jörger

Quelle der Heilung

360 Seiten, A5, gebunden, mit Lesebändchen
ISBN 978-3-938489-32-1

Einfühlsame Worte von Raphael und der Großen Weißen Bruderschaft geleiten uns sanft an jenen Ort, an dem wir die Anbindung an die göttliche Quelle bewusst vollziehen können. Die Wesen der Lichtebene, u.a. Sananda und Kuthumi, führen uns zum Tor der Multidimensionalität und lassen uns, sofern wir dieses möchten, aktiv teilhaben an der Auflösung unseres Karmas. Die ganzheitliche Heilung des Menschen steht im Vordergrund, wobei die Selbstheilungskräfte mithilfe der Übungen aktiviert werden können.
Wir lernen aus der Quelle allen Seins zu schöpfen und erfahren durch die tief berührenden Worte der Geistigen Welt bereits bei der Lektüre Heilung.

Mara Ordemann

Lexikon für die Neue Zeit

176 Seiten, gebunden, mit Lesebändchen
ISBN 978-3-934254-92-3

Von *2012, Aufstieg* oder die *fünf neuen Chakren,* über *Indigo-, Kristall und Regenbogen- Kinder* , *Lichtkörperprozess, Toröffnung, Weiße Bruderschaft* bis *Zentralsonne* werden klar und verständlich Begriffe erklärt, die für die stetig wachsende Zahl von Menschen mit spirituellem Interesse unverzichtbar sind und ein wichtiges Hintergrundwissen darstellen.
Wer oder was ist die *Weiße Bruderschaft*, wer oder was sind *Aufgestiegene Meister*, (u.a. *Sananda, El Morya, Sanat Kumara*), wer ist *KRYON*? Was sind ihre Aufgaben, und was hat es mit *Channeling* oder den *zwölf göttlichen Strahlen* auf sich.
Also kein übliches Esoterik-Lexikon, sondern ein Ratgeber aus kompetenter Hand, mit dem das Verständnis für die Neue Zeit immens erleichtert wird.
Das „Who is Who“ der Geistigen Welt!

Stella Maris

Impulse für das spirituelle Zeitalter

Energetischer Ratgeber
176 Seiten, gebunden, mit Lesebändchen
ISBN 978-3-934254-93-0

Stella Maris bietet mit ihren neuartigen, spirituellen Ratschlägen praktische Lebenshilfe, um den verschiedensten Herausforderungen der Neuen Zeit im Alltag besser begegnen zu können.
Ein energetisch-spiritueller Ratgeber mit Gebeten, Mantren, Ritualen, Symbolen, Affirmationen, vielen (zum Teil gechannelten) praktischen Tipps und Übungen, die für jeden schnell und einfach umsetzbar sind, und wunderschönen Meditationen.